L'accompagnement des agents en situation de handicap au cours de leur vie professionnelle

2e édition

La ***Chronique sociale*** est à la fois un organisme de formation et de recherche et une maison d'édition. Fondée à Lyon en 1892, elle s'est préoccupée dès ses origines de sensibiliser aux évolutions de la société et de suggérer une organisation de la vie collective plus solidaire et plus respectueuse des personnes.

Actuellement, les ***Éditions de la Chronique sociale*** publient des ouvrages et des jeux pédagogiques qui contribuent à mettre en œuvre ces orientations. Issus de pratiques professionnelles et sociales, ils sont au service de tous ceux qui s'efforcent de mieux comprendre le monde.

Chacun pourra s'approprier ces outils et les utiliser, tant pour son développement personnel que pour une action collective efficace.

Couverture : Proposition du FIPHFP

Responsable des Éditions : André Soutrenon

Correction : Monique Huissoud

Imprimeur : Laballery

Chronique sociale, Lyon, Dépôt légal : janvier 2016
Achevé d'imprimer en janvier 2016
sur les presses de la Nouvelle Imprimerie Laballery - 58500 Clamecy
N° d'impression : 512346 - *Imprimé en France*

La **N**ouvelle **I**mprimerie **L**aballery est titulaire de la marque Imprim'Vert®

Conseil scientifique
du FIPHFP

L'accompagnement des agents en situation de handicap au cours de leur vie professionnelle

2e édition

Comprendre la société

l'essentiel

Chronique Sociale 1, rue Vaubecour - 69002 Lyon
Tél. : 04 78 37 22 12

Le Conseil scientifique du FIPHFP remercie chaleureusement Gaëlle Toledano, chargée de recherche et d'innovation au FIPHFP, dans la réalisation de ce guide.

L'accompagnement des agents en situation de handicap au cours de leur vie professionnelle

Préface

La loi du 11 février 2005 pour l'égalité des droits et des chances, la participation et la citoyenneté des personnes handicapées, marque un tournant dans la politique du handicap de notre pays. En matière d'emploi, elle donne la priorité au milieu ordinaire de travail et accorde ainsi à la question de l'accompagnement des travailleurs en situation de handicap une dimension essentielle.

Afin de trouver une traduction concrète à ce principe, le Comité interministériel du handicap (CIH), réuni pour la première fois par le Premier ministre le 25 septembre 2013, a veillé à intégrer la question de l'accompagnement tout au long des parcours professionnels à son axe de travail consacré à l'emploi des personnes en situation de handicap.

Dans le prolongement de la publication de la feuille de route du CIH, Annie Le Houérou, Députée des Côtes-d'Armor, s'est vue confier au début de l'année 2014 la mission « d'évaluer la pertinence de la mise en place d'un service d'accompagnement professionnel de long terme, proposant des prestations mobilisables à tout moment du parcours de la personne, en emploi ou non, par elle-même ou par l'employeur ».

À l'occasion de l'élaboration de ce rapport, le Fonds pour l'insertion des personnes handicapées dans la fonction publique (FIPHFP) a apporté sa pierre à la réflexion lors de son audition. Son Conseil scientifique a en parallèle démontré sa volonté de relever le défi de l'égalité professionnelle et de l'accessibilité en inscrivant l'accompagnement comme un objectif majeur de sa feuille de route 2014-2018. Pour ce faire, il a croisé les politiques et les pratiques déjà identifiées à des expériences innovantes et réussies menées par différents employeurs publics.

Je salue cette initiative du FIPHFP et de son Conseil scientifique, dont j'ai le plaisir de préfacer la toute première publication. Ce Guide méthodologique est un outil précieux pour tous ceux qui travaillent au quotidien avec des personnes en situation de handicap ; il est un levier au changement de philosophie comme de méthode car il invite à passer d'une logique compassionnelle d'intégration des personnes en situation de handicap à une démarche d'inclusion accompagnée.

Je ne doute pas que cet ouvrage contribuera à faire avancer l'action des employeurs publics comme privés, ainsi qu'à permettre de rendre notre société plus inclusive, plus accueillante, conformément aux objectifs prioritaires en matière de politique du handicap désignés par le Président de la République lors de la Conférence nationale du handicap du 11 décembre 2014.

Ségolène Neuville

Secrétaire d'État, chargée des personnes handicapées et de la lutte contre l'exclusion

Préambule

En 2013, à la demande du nouveau président du Comité national, Monsieur André Montané[1], le Fonds pour l'insertion des personnes handicapées dans la fonction publique (FIPHFP) a mis en place un Conseil scientifique. Cet organe consultatif composé de 13 membres a pour mission de réfléchir à tous les enjeux liés aux situations de handicap, dans le cadre des objectifs assignés au FIPHFP par sa nouvelle convention d'objectifs et de gestion (COG) 2014-2018. Le Conseil scientifique a vocation, en somme, à éclairer la philosophie d'intervention et l'action du FIPHFP et, à plus large échelle, à tracer une vision de long terme en matière de politiques publiques du handicap.

Le programme de travail du Conseil scientifique tient compte des objectifs stratégiques arrêtés par le nouveau Comité national du FIPHFP et intègre les orientations définies par le Comité interministériel du handicap du 25 septembre 2013. Parmi elles, la question de l'accompagnement est primordiale, puisque le Fonds ambitionne de devenir une référence en la matière.

1. Élu président par les membres du nouveau Comité national du FIPHFP le 19 avril 2013, André Montané est également conseiller départemental de l'Ariège, Président de la MDPESH de l'Ariège et membre du CNCPH.

Cette étude sur « L'accompagnement des agents en situation de handicap au cours de leur vie professionnelle » s'inscrit dans le prolongement d'une première réflexion menée par le Conseil scientifique concernant la prise en compte, notamment en termes d'accompagnement, des déficiences de nature psychique, mentale ou cognitive. Cette seconde étude se focalise plus particulièrement sur les **pratiques d'accompagnement dans l'emploi.** L'objectif est de produire de la connaissance sur le sujet de l'accompagnement dans sa dimension d'accessibilité immatérielle, en dégageant d'une part les *principaux enjeux* de l'accompagnement et en formulant d'autre part des *suggestions d'évolution* de l'offre d'intervention du FIPHFP dans ce domaine.

Ce travail collectif se présente sous la forme d'un Guide pratique à destination des employeurs publics et des agents chargés de la mise en œuvre de l'accompagnement (RH, psychologues, médecins du travail, élus syndicaux ou associatifs...), synthétisant l'ensemble des observations qualitatives ainsi que les principales conclusions. *Trois axes* sont privilégiés : les *leviers institutionnels*, *organisationnels* et *l'entourage professionnel*. Chacun de ces leviers se décline en dispositions pratiques pour construire des processus d'accompagnement efficaces.

Dans le contexte de la mission d'accompagnement des employeurs publics dévolue au FIPHFP, ce document a pour vocation d'orienter les responsables des ressources humaines dans leurs actions d'emploi d'agents en situation de handicap et de placer la détection précoce des situations de handicap comme un objectif majeur de **gestion prévisionnelle des ressources humaines.**

Les contributeurs

Wenceslas Baudrillart, ancien conseiller social du Premier Ministre.

Pierre Blanc, expert auprès du Conseil scientifique du FIPHFP.

Michel Busnel, médecin spécialiste en médecine physique et réadaptation, président de Comète France.

Alain Dômont, professeur émérite de médecine statutaire de l'Université Paris-Descartes, Hôpital Corentin Celton.

Solange Fasoli, ancienne membre du Comité national du FIPHFP.

Didier Fontana, ancien président du Comité national du FIPHFP, administrateur du Conseil scientifique du FIPHFP.

Marie-Anne Montchamp, ancienne Ministre, présidente d'Entreprises & handicap.

Philippe Nicolle, directeur adjoint du FIPHFP.

Éric Plaisance, professeur émérite en sciences de l'éducation de l'Université Paris-Descartes.

Christel Prado, présidente de l'UNAPEI.

Jean-Claude Rouanet, vice-président national de la Fédération des APAJH.

Aïcha Rouissi, chargée de mission Handicap au MINEFI.

Daniel Vitry, professeur émérite en sciences économiques de l'Université Paris II Panthéon-Assas.

Jean-Charles Watiez, directeur de l'établissement public FIPHFP.

Introduction

Aujourd'hui, la *notion d'accompagnement* s'entend dans une acception large, tout en renvoyant, dans sa mise en œuvre, à des actions et des dispositifs précis que ce soit pour le recrutement ou le maintien dans l'emploi des personnes en situation de handicap[2]. Mais est-on certain d'appréhender toutes les démarches qui concourent ou permettent à ces personnes, au-delà des mesures ou dispositifs existants, d'être complètement intégrées à leur environnement professionnel ?

C'est cette question que le Conseil scientifique souhaite explorer au cours de la vie professionnelle des agents en situation de handicap.

Cet ouvrage entend en particulier étudier les aspects suivants :

- la dimension d'accessibilité immatérielle relative à l'accompagnement, allant au-delà des dispositifs techniques de compensation ;

---

2. Des institutions et des services d'accompagnement plus ou moins spécialisés tels que Pôle emploi*, Missions locales*, Cap emploi*, Sameth* ; les services d'accompagnement associatifs par type de déficience (voire les Associations porte-paroles du Comité d'entente des associations représentatives de personnes handicapées et de parents d'enfants handicapés*) ; mais aussi, des prestations (Mobilisation vers l'emploi*, Prestations ponctuelles spécifiques*) ; ou encore des dispositifs et des mesures via l'alternance* et le tutorat* ; et à titre bénévole des actions de parrainage tels que les réseaux de la réussite de l'ADAPT* ou de réinsertion à l'instar de Comète France*.

- les démarches qui permettent aux personnes en situation de handicap d'être complètement intégrées à leur environnement professionnel ;
- le rôle du collectif de travail dans la démarche d'accompagnement ;
- des exemples d'expériences réussies en matière d'accompagnement, permettant d'identifier des bonnes pratiques pour la fonction publique ;
- les enjeux liés à la prise en compte de la problématique de l'accompagnement par les employeurs publics.

À cette fin, il souhaite éclairer la réflexion théorique d'une approche de terrain basée sur des observations qualitatives recueillies auprès de quatre employeurs représentatifs de l'ensemble de la fonction publique, choisis par les services centraux du FIPHFP* pour le caractère innovant de leur démarche d'accompagnement.

- Le présent guide s'attache dans un premier temps à positionner les concepts de situation de handicap et d'accompagnement dans le monde du travail (1), puis à analyser à travers *quatre monographies* leurs déclinaisons opérationnelles sur le terrain (2), et *in fine* propose un recensement de bonnes pratiques de nature à améliorer et orienter l'accompagnement des agents en situation de handicap (3).

Ce guide a vocation à servir de support à tout décideur, employeur public, professionnel des ressources humaines, de la santé au travail, des services sociaux, de prévention et des conditions de travail, responsable de proximité, chargé de mission handicap et aux collectifs de travail, afin de promouvoir un **accompagnement de qualité, durable et concerté** de leurs collègues en situation de handicap. Bien que les monographies soient tirées d'exemples d'employeurs issus des trois fonctions publiques, la méthodologie proposée ainsi que les bonnes pratiques et recommandations sont transposables à tout milieu du travail ayant vocation à accueillir des personnes en situation de handicap, qu'il soit public ou privé.

Par souci de confidentialité, les employeurs publics ne sont pas identifiés et les noms des agents concernés par les situations de handicap ont été modifiés.

Ce Guide d'accompagnement est une aide et un support au diagnostic concernant les besoins d'accompagnement des travailleurs en situation de handicap, mais également un outil de recueil d'informations permettant d'adapter l'organisation du travail et d'améliorer la coordination des acteurs en milieu ordinaire de travail. Afin de tirer le meilleur parti de ce Guide d'accompagnement, il est conseillé de suivre une méthodologie similaire à celle adoptée dans les deuxième et troisième parties de l'ouvrage.

- *La deuxième partie* propose, à partir de l'analyse de *quatre monographies* se rapportant respectivement à la fonction publique d'État, hospitalière, territoriale et à un établissement public à caractère scientifique et technologique, d'établir un diagnostic de la situation individuelle de chaque agent et d'envisager une déclinaison opérationnelle des solutions sur le terrain. Ainsi, pour chaque cas d'accompagnement identifié, il est proposé de suivre la même grille d'analyse et le même plan de présentation :

1. Description du contexte professionnel

- nature et statut juridique de l'établissement ;
- missions de l'établissement ;
- nombre de salariés ;
- organisation interne des services ;
- dispositifs éventuels déjà mis en place envers les agents en situation de handicap.

2. Historique et description des situations de handicap

- chronologie du parcours professionnel de l'agent dans la structure ;
- antécédents personnels et professionnels éventuels de l'agent (si connus) ;
- apparition de la situation de handicap et caractéristiques cliniques/impacts sociaux ;

- évolution de la situation dans le temps et tentative de prise en charge éventuelle.

3. Nature et résultats des prestations d'accompagnement

Il s'agit d'envisager les ressources mobilisables en interne et en externe à l'environnement de travail afin de traiter la situation de handicap dès son identification :

- échelon de prise en charge (DRH, médecine préventive, employeur, responsable de proximité, collègues de travail…) ;
- personnes et structures ressources éventuelles en interne ;
- degré d'acceptation ou de résistance de la personne en situation de handicap face aux solutions proposées ;
- situation administrative envisagée (adaptation ou évolution de poste, reclassement*, inaptitude déclarée…).

4. Caractérisation des situations de handicap, des facilitateurs et des obstacles

L'identification en amont des obstacles éventuels permet d'éviter certains écueils. De même, capitaliser sur les facilitateurs et les ressources assure un gain de temps précieux.

Exemples d'obstacles identifiables :

- absence d'information et de sensibilisation des agents à l'impact psychologique et physiologique des situations de handicap ;
- absence d'information et d'accompagnement des responsables de proximité ;
- absence de préparation à la reprise d'activité auprès des collègues de travail.

Exemples de facilitateurs envisageables :

- organisation des services DRH autour de la problématique du handicap ;
- opérationnalité de la cellule maintien dans l'emploi ;
- disposition d'un service de médecine de prévention interne ;
- dialogue et coordination des différents services ;
- disposition des acteurs de l'accompagnement ;
- diversification des possibilités de reclassement.

Si la majorité des cas présentés s'inscrit dans une démarche d'accompagnement curative, l'objectif de cette méthodologie est de permettre une *détection précoce des situations de handicap* qui apparaissent au cours de la vie professionnelle, afin de prévenir la désinsertion professionnelle.

- Une fois la situation détectée et les enjeux d'action identifiés, il est proposé dans la *troisième partie* un ensemble de dispositions positives, généralistes et efficaces pour nourrir l'action des personnes en charge de traiter les situations de handicap. Ainsi pour chaque cas identifié, *trois périodes clés* sont à distinguer[3] :
  - *la situation de handicap est avérée* (une réduction majeure de capacité est constatée, voire l'inaptitude prononcée) ;
  - *le traitement de la situation de handicap* (le temps consacré à la recherche de la solution conduisant à la reprise ou à l'aménagement de l'activité) ;
  - *le nouveau contexte d'activité* (situation de travail aménagée ou nouvelle affectation à un emploi différent).

Pour chaque période, les dispositions positives et les ressources mobilisables sont regroupées en *trois catégories,* qui relèvent de dispositions prises aux niveaux :

- *institutionnel* (politiques d'emploi en direction des personnels en situation de handicap ; plans d'actions ; projet social d'établissement ; partenariat conventionnel avec le FIPHFP, opérateurs spécialisés…) ;

3. Cf. tableau de synthèse des dispositions p. 129.

- *organisationnel* (recherche et mise en place de solutions dans l'organisation permettant d'accroître l'efficacité et la qualité de l'accompagnement) ;
- *de l'entourage professionnel* (comportements, postures, attitudes de l'encadrement, des collectifs de travail et des professionnels internes de l'accompagnement).

Chaque disposition est cotée en fonction de son degré d'impact sur la qualité de l'accompagnement pour les trois périodes concernées : faible (★), moyen (★★), fort (★★★).

En somme, la méthodologie proposée par ce guide procède en *deux étapes :*

1. Analyse individuelle de la situation (selon les critères listés en deuxième partie)
2. Analyse collective des dispositions envisageables (selon le tableau synthétique en troisième partie), en fonction :
   - de la période d'évolution de la situation (de la détection au reclassement) ;
   - des ressources mobilisables à chaque étape d'évolution par catégorie et niveau de prise de décision.

*Pour ne pas surcharger l'écriture, et donc la lecture, l'ensemble des termes suivis d'un * sont repris et décrit dans le glossaire (p.137 et s.).*

L'accompagnement des personnes en situation de handicap dans le monde du travail

L'accompagnement présente un champ sémantique très vaste qui peut être source de confusions et recouvre une grande diversité de réalités concrètes. Son application aux situations de handicap dans le monde du travail nécessite, au préalable, de définir les termes de la problématique de sorte à circonscrire précisément le champ de réflexion et de doter d'un langage commun tous les acteurs qui agissent dans ce cadre.

Qu'est-ce qu'une situation de handicap ?

Très utilisé dans le langage courant, le concept de situation de handicap n'est pas défini juridiquement. Pour l'appréhender il faut se référer aux travaux internationaux de classification du fonctionnement du handicap et de la santé : CIH-2*.

Celle-ci définit l'état de fonctionnement et de handicap d'une personne comme le résultat de l'interaction dynamique (processus ou résultat) entre son état de santé (maladie, trouble, blessure, traumatisme…) et les facteurs contextuels. Ces derniers comprennent à la fois des facteurs personnels et des facteurs environnementaux.

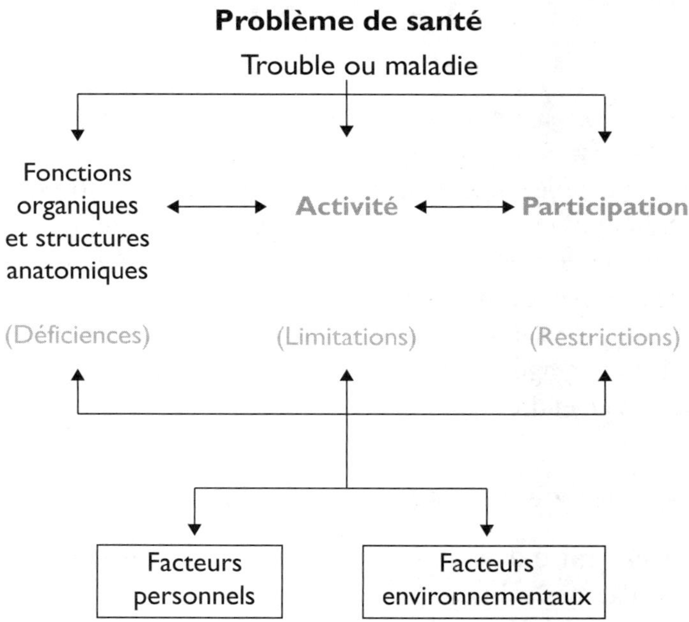

L'accompagnement des agents en situation de handicap au cours de leur vie professionnelle, Conseil scientifique du FIPHFP, Chronique sociale.

C'est à partir de cette définition et de ce schéma de la CIH-2 que le législateur a défini le handicap dans la loi du 11 février 2005[4]* :

« *Constitue un handicap, au sens de la présente loi, toute limitation d'activité ou restriction de participation à la vie en société subie dans son environnement par une personne en raison d'une altération substantielle, durable ou définitive d'une ou plusieurs fonctions physiques, sensorielles, mentales, cognitives ou psychiques, d'un polyhandicap ou trouble de santé invalidant.* »

Les limitations d'activité désignent les difficultés qu'une personne peut rencontrer pour mener une activité.

La restriction de participation désigne les problèmes qu'une personne peut rencontrer pour participer à une situation réelle.

Toutefois, la notion de situation de handicap apparaît plus clairement à partir de la classification québécoise du processus de production du handicap (PPH) schématisé page suivante.

4. Loi n° 2005-102 du 11 février 2005 pour l'égalité des droits et des chances, la participation et la citoyenneté des personnes handicapées.

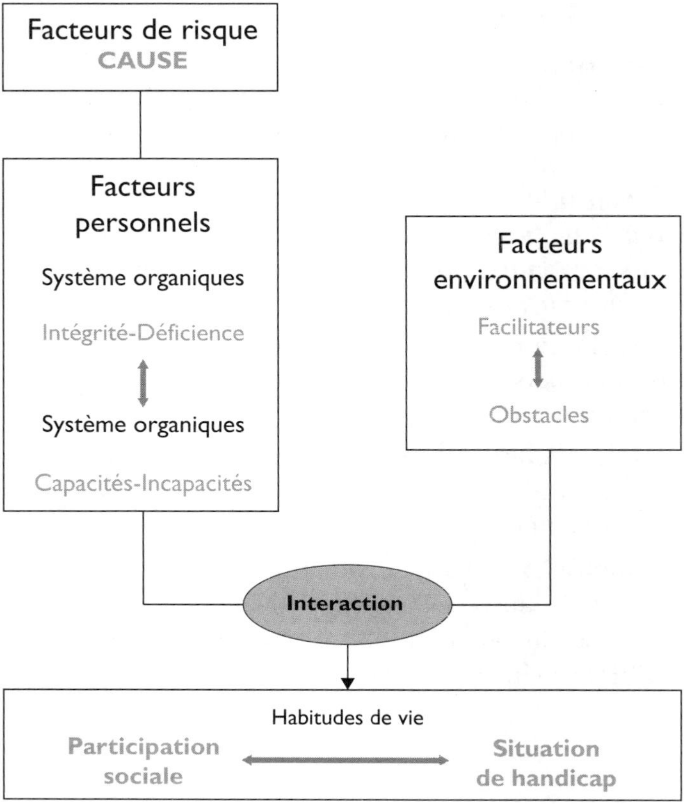

PPH/Classification québécoise, P. Fougeyrollas, RIPPH, 1998

L'accompagnement des agents en situation de handicap au cours de leur vie professionnelle, Conseil scientifique du FIPHFP, Chronique sociale.

La situation de handicap est définie comme une réduction de la réalisation des habitudes de vie, résultant de l'interaction entre les facteurs personnels (déficience, incapacité et autres caractéristiques personnelles) et les facteurs environnementaux (les facilitateurs et les obstacles).

Une personne présentant des déficiences et des incapacités (conséquences fonctionnelles des déficiences), vit ou non, selon les obstacles environnementaux auxquels elle est confrontée, des situations de handicap.

L'habitude de vie qui peut aussi être nommée « situation de vie » désigne les activités courantes et sociales d'une personne dans son milieu réel de vie.

Les facteurs environnementaux constituent l'environnement physique, social et attitudinal dans lequel les gens vivent ou mènent leur vie.

Les attitudes individuelles ou sociétales concernent la confiance ou la valeur que l'on peut accorder à quelqu'un en tant que personne humaine. Elles peuvent engendrer des pratiques positives ou, à l'inverse, entraîner des réactions négatives ou discriminatoires (stigmatisation, stéréotypie, marginalisation ou négligence de la personne).

Synthèse de la réflexion scientifique sur l'accompagnement

Dans la littérature scientifique, les consensus les plus récents sur l'accompagnement reposent sur les travaux de Maëla Paul, Michel Vial et Nicole Caparros-Mencacci.

Historiquement, l'accompagnement s'est mis en place dans le contexte de perte d'influence des « grands intégrateurs », c'est-à-dire des institutions qui traditionnellement assuraient l'intégration et l'orientation des individus : la famille, l'école, la religion, le travail et l'État.

Dans ce nouveau contexte, il incombe à chacun de se prendre en main. C'est désormais à chacun de réunir les conditions de son intégration, de se donner un projet. Cette nouvelle configuration attribue à chaque individu un devoir : participer à son propre processus d'intégration.

« Ce qui en résulte c'est que celui qui est accompagné est une personne qui n'est plus conçue comme objet (à réparer), problème (à résoudre), dossier (à traiter), mais sujet actif, autonome et responsable.

Il n'est plus l'objet passif d'une prise en charge mais le sujet actif de son parcours. Il n'est plus défini par ses carences, mais ses potentialités. Il n'est pas réduit au problème qui l'amène mais considéré dans ses ressources et potentialités qu'il devra mobiliser pour opérer un changement de sa situation.

Il n'est plus considéré comme entité close mais inscrit dans un contexte avec lequel il interagit.

Ce n'est pas la même chose que d'accompagner une personne définie par ses manques, ses déficiences, ses défaillances ou d'accompagner une personne considérée comme ayant des ressources. Dans le premier cas la logique est celle de la réparation : elle consiste à combler ou à pallier les insuffisances. Dans le second la logique est collaborative et consiste à créer les conditions d'accès de la personne à ses ressources. »[5]

Dans nombre d'acceptions du concept d'accompagnement[6], le chemin est décidé avant et à la place de l'accompagné. *« La place conférée à l'autre est celle de suiveur, et non pas celle de créateur de son propre chemin. »*[7]

L'accompagnement c'est mettre à disposition de la personne accompagnée des ressources lui permettant de soutenir et de concrétiser sa volonté d'avancer, de faire évoluer sa situation, selon la voie qu'elle a elle-même choisie, et collaborer avec elle. C'est contribuer à la restauration de son pouvoir d'agir sur sa situation.

---

5. Maëla Paul, « L'accompagnement : une posture professionnelle spécifique », *Les carnets de la Persagotière*, n° 22, 2010.

6. Conduire, guider, escorter, diriger, conseiller, protéger, coacher.

7. Michel Vial, Nicole Caparros-Mencacci, *L'accompagnement professionnel ? Méthode à l'usage des praticiens exerçant une fonction éducative*, De Boeck, 2007.

Le ressenti des salariés en situation de handicap

Plusieurs enquêtes durant les dix dernières années se sont attachées à analyser le vécu des situations de handicap dans l'emploi[8]. Elles révèlent que :

- un enquêté sur deux a eu besoin d'un aménagement de son poste de travail, mais 46 % d'entre eux éprouvaient encore des difficultés avec leur poste de travail ;
- 12 % des enquêtés se sentent souvent exclus de la vie et des activités de l'entreprise ;
- 22 % disent ne pas pouvoir participer à tout malgré les efforts de leurs collègues ;

---

8. Les enquêtes :

- travail en questions de la CFDT « Travailleur handicapé, un salarié comme les autres », Enquête « Travail en questions », auprès de 1 500 salariés du secteur privé et des agents de la fonction publique âgés de 25 à 60 ans, 2006 ;

- Agefiph*, *Salariés handicapés : l'entreprise, telle qu'ils la voient, telle qu'ils la vivent...*, Étude qualitative réalisée à partir de trois tables rondes de 8 participants ayant respectivement moins de 5 ans d'expérience professionnelle (26-45 ans), entre 5 et 10 ans (29-49 ans) et plus de 10 ans d'expérience professionnelle (35-54 ans), septembre 2006 ;

- Agefiph, *Handicap et travail au cœur de l'entreprise,* Étude qualitative analysant 150 situations professionnelles, septembre-octobre 2009.

- pour 30 % d'entre eux la charge et les conditions de travail aggravent les problèmes de santé liés au handicap ;
- 29 % des personnes interrogées évitent le plus possible les arrêts maladies lorsqu'elles ont un problème de santé car elles craignent pour leur emploi ;
- 40 % ont le sentiment que leur handicap a été un frein à leur carrière.

Il est mis en évidence que la performance n'est pas une fin en soi pour les salariés handicapés mais un **moyen pour s'intégrer.** Qu'il leur faut faire leurs preuves tous les jours. Qu'ils ont la capacité de « performer » mais que le prix à payer est lourd. Pour être au niveau des attentes ils doivent en faire plus que les autres. Ils ne veulent surtout pas se faire remarquer et parler du handicap.

Cependant, ces différentes investigations dans le monde des salariés en situation de handicap mettent un paradoxe en lumière : ils expriment à la fois le besoin d'être considéré, intégré, traité de façon égale et, en même temps, de voir leur différence prise en compte.

Cette attitude ambivalente peut entraîner un risque de dysfonctionnement majeur pour l'intégration : le silence de tous autour de la situation de handicap. Un cercle vicieux du silence qui s'alimente et s'auto entretien du tabou autour du handicap.

Ni l'employeur ou l'encadrement, ni le salarié n'osent mettre des mots sur le handicap. Souvent les salariés en situation de handicap ne font pas la démarche de renouvellement, se privant ainsi de moyens pour améliorer leur situation professionnelle.

Les conséquences de ce silence autour du handicap, ou de la situation de handicap, conduisent à un immobilisme qui présente *deux types de risques* pour l'intégration :

- un *risque d'incompréhension*, d'une part du collectif de travail et d'autre part, entre le responsable et le salarié ;
- un *risque d'amplification* de la situation de handicap et/ou d'aggravation de l'état de santé du salarié en situation de handicap (la question de l'aménagement du poste de travail n'est jamais posée, alors qu'elle serait nécessaire dans 23 % des cas)[9].

9. Enquête CFDT, *ibid*.

Le cercle vicieux du silence

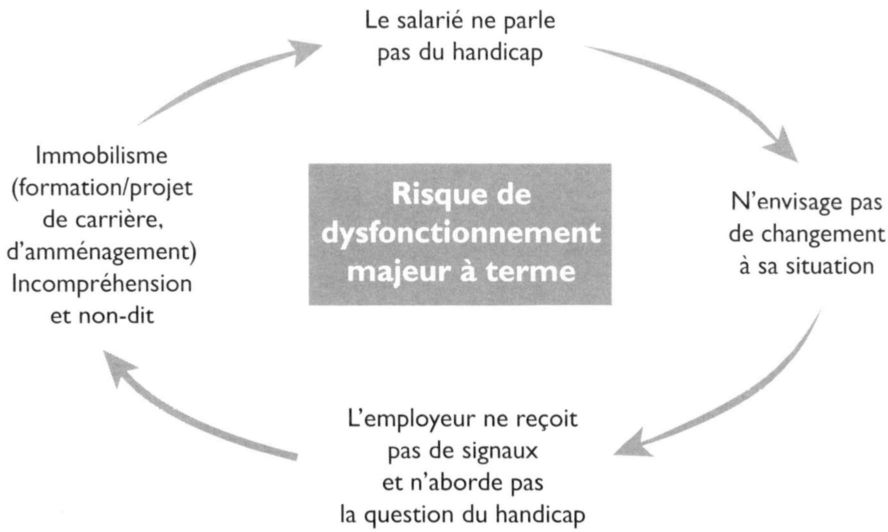

L'accompagnement des agents en situation de handicap au cours de leur vie professionnelle,
Conseil scientifique du FIPHFP, Chronique sociale.

L'accompagnement dans le cadre de la vie professionnelle

La transposition au monde du travail des concepts de situation de handicap et d'accompagnement s'appuie sur l'essentiel des éléments structurants développés jusqu'ici.

La situation de handicap dans la vie professionnelle se traduit bien par une limitation d'activité ou une restriction de participation qui peuvent être partiellement compensées par les facilitateurs que constituent les aménagements organisationnels ou techniques. Mais l'organisation du travail, les attitudes du management, des collègues de travail, le climat social, la culture de l'entreprise peuvent être constitutifs d'autant d'obstacles environnementaux.

Dans la vie contemporaine, les organisations de travail sont souvent en évolution permanente. Ainsi, elles peuvent, du jour au lendemain, bouleverser les facteurs environnementaux de la situation de travail.

Bien souvent les salariés subissent les conséquences de l'évolution de ces facteurs environnementaux sans avoir de prise sur eux, sans pouvoir agir pour faire évoluer leur situation. Il en résulte la définition suivante :

L'accompagnement dans le monde du travail des personnes en situations de handicap pourrait s'entendre comme la création par l'employeur des conditions qui permettraient aux personnes concernées de devenir actrices vis-à-vis des situations de handicap qu'elles éprouvent. Pouvoir agir en collaboration avec les personnes concernées pour identifier leurs ressources propres et celles à mobiliser au sein de l'environnement de travail. Cela suppose, notamment, de permettre une écoute personnelle et singulière, bienveillante, de leur différence, de la façon dont chacune décrit sa situation, voit son évolution, analyse la situation de handicap qui lui fait problème.

Le besoin d'accompagnement exprimé par les salariés/agents en situation de handicap porte principalement sur une prise en compte effective de leur différence singulière qui se heurte au mur du silence autour du handicap dans le milieu de travail.

Dans cette perspective certains *axes d'investigation* se dégagent :

- le rôle de la communication interne ;
- la dimension organisationnelle ;
- la formation et la mobilisation de l'encadrement ;

- la question du recours à des accompagnateurs internes ou externes.

C'est précisément ces axes qui ont guidé les analyses de terrain rapportées dans les monographies présentées au chapitre suivant.

Chapitre 2

Les avancées observées sur le terrain des fonctions publiques

Les monographies présentées dans ce chapitre se rapportent respectivement à la fonction publique d'État, hospitalière, territoriale et à un établissement public à caractère scientifique et technologique.

Elles sont construites sur la *même grille d'analyse* et suivent le *même plan de présentation :*

1. description du contexte professionnel ;
2. historique et description des situations de handicap ;
3. nature et résultats des prestations d'accompagnement ;
4. caractérisation des situations de handicap, facilitateurs et obstacles.

Par souci de confidentialité les employeurs publics ne sont pas identifiés et les noms des agents concernés par les situations de handicap ont été modifiés.

1

25 ans dedans, dehors… quel projet d'accompagnement ?

Description du contexte professionnel

La situation de handicap observée se situe dans un service départemental d'action sociale implanté dans des locaux excentrés de la Préfecture d'une région de province. Composé de 5 agents, le service comporte trois volets d'activité.

Le premier gère l'activité de 4 assistantes sociales ; le deuxième administre la médecine de prévention et le troisième consiste à assurer le secrétariat de la commission locale d'action sociale et l'attribution de logements aux fonctionnaires.

Les bénéficiaires de l'activité du service sont environ 3 500 agents, essentiellement des personnels de préfecture et de sous-préfecture, des policiers et des gendarmes civils.

Le service est doté de 5 emplois budgétaires : un chef de service de catégorie A et 4 agents de catégorie C, à temps plein. L'activité se déroule dans 4 bureaux dont deux sont partagés.

Une agent gère :

- le secrétariat de la commission locale d'action sociale ;
- les convocations médicales ;
- le remboursement des titres de transport.

Une agent supervise la gestion de tous les crédits.

Une agent assure l'interface entre les fonctionnaires et les organismes locatifs.

Une agent, la personne concernée par la situation de handicap, occupe la fonction de vaguemestre.

Historique et description de la situation observée

Madame Frêne, 58 ans, titulaire d'un baccalauréat G, a commencé sa carrière dans la fonction publique à l'âge de 20 ans comme agent de service hospitalier dans un centre hospitalier régional. Elle occupe cet emploi durant 14 mois. Puis, sans délai, elle s'engage dans l'armée de terre où elle est nommée caporal-chef. Elle quitte le statut de soldat au bout de 8 ans de services.

C'est durant cette période militaire qu'elle manifeste ses premiers troubles psychiques, à la suite d'une mutation qui l'avait éloignée de sa famille.

S'ensuit une période d'inactivité de plus de deux ans, puis elle intègre les services d'un Conseil général par la voie des emplois réservés pour reclassement des militaires, avec le grade de sténodactylographe. Elle quitte cet emploi au bout de 6 mois. Elle rejoint ensuite, sans délai, les services de la Préfecture, en octobre 1987 jusqu'à ce jour, au grade d'adjoint administratif de 1ère classe depuis le 1er janvier 2009.

Les débuts de sa carrière en Préfecture voient un enchaînement d'affectations durant les dix premières années : service du déminage, des cartes grises, Direction administrative, Direction de la réglementation et des libertés publiques, Direction des relations avec les collectivités locales.

Durant cette période elle se révèle incapable de répondre correctement au téléphone, dépassée par le travail à effectuer, jugée pas fiable et connaît des arrêts avec hospitalisations.

C'est en 1998 qu'elle rejoint son affectation actuelle de vaguemestre au service départemental d'action sociale. Lorsque madame Frêne arrive dans ce service, elle ne communique pas, ne salue personne et répond aux questions par des onomatopées. Elle garde la porte de son bureau toujours soigneusement fermée.

Sa tâche consiste à convoyer du courrier entre le service et la Préfecture deux fois par jour, le matin et le soir. Lorsqu'on lui demande des travaux complémentaires, elle oppose un refus catégorique de faire autre chose que la fonction de vaguemestre. Elle s'enferme alors dans les toilettes, dans son bureau verrouillé de l'intérieur, ou quitte son poste pour :

- lire le journal ;
- apprendre le bottin téléphonique ;
- faire des photocopies du dictionnaire ;

- pointer et dépointer pour aller faire du « lèche-vitrines ».

Elle est devenue le bouc émissaire du service. Ses collègues de travail se moquent d'elle, la dénigrent et la montrent du doigt *« Elle est payée comme nous et ne fait rien ! »*. Son comportement déstabilise le collectif de travail car elle est dans une situation d'enfermement et de rejet des autres. Elle n'arrive pas à percevoir concrètement ce que l'on attend d'elle.

Cette attitude génère de l'incompréhension et de l'agressivité de la part de ses collègues d'autant plus que le corps médical nie le problème et la reconnaît « *apte physiquement et mentalement sans aucune restriction* », alors que le collectif de travail l'éprouve au quotidien. La position du corps médical déstabilise le responsable hiérarchique et les collègues en les enfermant dans le dilemme « *Soit elle est malade, soit elle se moque de nous !* ». Cette position des médecins de prévention conduit les responsables hiérarchiques à prendre des mesures disciplinaires à son égard. Mesures d'autant moins comprises par madame Frêne qu'elle-même nie alors sa maladie.

En 1999 et 2006 les troubles de madame Frêne prennent la forme d'épisodes délirants aigus qui nécessitent de nouvelles périodes d'hospitalisation suite à l'arrêt volontaire de la prise de son traitement.

C'est ainsi que l'on peut faire le constat de 25 ans dans l'emploi certes, mais 25 ans hors de la communauté de travail et de son activité[10]. Des années de mise à l'écart durant lesquelles la situation de handicap s'est chronicisée *« faute de l'alimenter en travail parce que c'était trop compliqué »* observe la psychologue qui assura l'accompagnement plus tard.

La genèse de l'évolution de la situation de handicap remonte à l'arrivée, en 2000, d'un nouveau chef de service, lui-même atteint d'une maladie invalidante.

C'est en 2007, après la mise en application de la loi du 11 février 2005, qui prévoit l'installation de référents départementaux dans tous les ministères et la création du FIPHFP, que le chef de service, qui est devenu correspondant handicap* au niveau départemental et référent pour les risques psychosociaux, prend connaissance des mesures d'aides du Fonds. Le Ministère de l'intérieur a conclu, à cette époque, une convention avec le FIPHFP qui prévoit des moyens financiers et des plans ambitieux pour favoriser l'accompagnement des agents en situation de handicap. En outre, elle appelle les correspondants départementaux à faire preuve d'imagination.

Ce nouveau chef de service porteur d'une sensibilité particulière pour le sujet considère alors qu'il relève de sa mission de correspondant handicap d'essayer

10. 10 à 15 % de productivité.

de « *faire bouger cette situation qu'il juge injuste et de donner sa chance à madame Frêne* ».

Pour nombre de chefs de service la situation bloquée administrativement le serait probablement restée aux motifs qu'un agent en situation de handicap, improductif, avec le statut de fonctionnaire, ne sera jamais réformé par la commission médicale et de surcroît avec le risque de voir les organisations syndicales s'emparer du sujet.

Cependant, pour enclencher une procédure d'accompagnement il faut que madame Frêne dépose une demande de Reconnaissance de la qualité de travailleur handicapé (RQTH)* auprès de la Maison départementale des personnes handicapées (MDPH)*. Or niant sa situation, elle n'en a alors aucune intention. C'est à force de persuasion que le chef de service et l'assistante sociale réussissent à la convaincre.

Par ailleurs, ni le médecin traitant, ni le psychiatre, ni le médecin du travail ne sont disposés à produire un certificat attestant de la situation de handicap dans laquelle se trouve madame Frêne. Il a fallu l'opiniâtreté acharnée de l'assistante sociale pour convaincre le psychiatre que c'était dans l'intérêt de sa patiente et de son avenir professionnel. En 2008, la MDPH délivre la reconnaissance de travailleur handicapé à madame Frêne.

Une fois la reconnaissance obtenue, la phase administrative de mise en place de la solution d'accompagnement peut commencer. La démarche retenue consiste à mobiliser le troisième volet de la mesure, « dispositif d'accompagnement pour l'emploi des personnes handicapées » du FIPHFP. Celui-ci prévoit un accompagnement sur le lieu de travail, assuré par un service externe spécialisé, dans la limite de 25 heures par semaine.

Au regard du coût prévisionnel de cet accompagnement une consultation auprès de 3 cabinets de conseil a lieu en 2011. L'un d'eux est retenu et la prestation qui inclut une phase de bilan se déroule entre septembre 2011 et décembre 2012.

Il est à noter qu'entre l'obtention de la RQTH et la mise en œuvre de la prestation d'accompagnement il s'est écoulé 3 années…

Nature et résultats de la prestation d'accompagnement

La prestation d'accompagnement qui débute par un bilan de compétences adapté est conduite par un binôme composé d'une psychologue du travail psychanalyste et d'un ergonome. Le principe est de dispenser un accompagnement triangulaire, en direction de madame Frêne d'une part, du responsable et des collègues de travail d'autre part. Chacune des trois parties prenantes bénéficie ainsi de modalités d'accompagnement spécifiques :

- pour madame Frêne, une aide à la reconnaissance de la situation de handicap, à sa responsabilisation professionnelle et à l'acquisition d'autonomie dans l'exécution de tâches simples en l'étayant ponctuellement, en lui montrant et en répétant avec elle ;
- pour le chef de service, l'acquisition de procédures et de postures managériales adaptées, notamment dans l'expression de ses attentes professionnelles, l'accompagnement bienveillant et la présentation des consignes ;
- pour les collègues exaspérés, animés par un sentiment d'injustice et en état de souffrance psychique, l'explication approfondie des symptômes de la maladie et de leurs conséquences sur le comportement de la personne, ainsi que sur les réactions de son environnement qui renforcent ou au contraire réduisent les symptômes.

Il convient de souligner *trois points essentiels* du protocole d'accompagnement.

En premier lieu, cet accompagnement consiste à « donner du temps au temps ». Soit près d'un an, donnant du temps à l'agent pour s'adapter aux intervenants, aux entretiens en face-à-face et pour la préparer au bilan professionnel avec la passation de **certains tests psychotechniques, importants pour objectiver l'accompagnement et les pistes d'action**.

Puis, un long travail porte sur l'élaboration d'une **fiche de poste adaptée, en lien avec tous ses collègues**, pour enrichir sa journée de travail. Sans tâches de travail suffisantes, la personne en situation de handicap psychique ne se sent pas utile au travail et ressasse des pensées négatives.

Enfin, **chaque décision** prise en cours d'accompagnement **est validée par tous les acteurs : la salariée, le management, l'équipe mais aussi l'assistante sociale et le médecin du travail.** En direction de ce dernier, la psychologue a pu objectiver combien la situation de madame Frêne est complexe, du fait du déni même de son handicap, grâce au rapport complet et aux tests psychotechniques.

Qu'en est-il de l'évolution de la situation de handicap 18 mois après la fin de l'intervention d'accompagnement externe ?

Le responsable hiérarchique enregistre une importante amélioration à l'issue de l'intervention. Elle a créé un déclic et une forte impulsion qui continue aujourd'hui à produire des effets sur l'autonomie et la polyvalence de madame Frêne.

Elle présente une plus grande stabilité au poste et une disponibilité accrue vis-à-vis des demandes de sa hiérarchie et de ses collègues. Sa fiche de poste s'est enrichie de 10 nouvelles tâches simples qu'elle effectue régulièrement. Le projet de lui confier l'accueil des locaux où sont regroupés deux autres services est même envisagé.

La porte de son bureau reste ouverte en permanence, elle salue régulièrement les membres du service, sourit fréquemment et participe aux échanges avec ses collègues qui déclarent : « *On a accepté sa différence parce que nous avons compris ce qui se jouait* », bien que sa productivité soit encore loin de la norme standard.

La psychologue en charge de l'accompagnement insiste sur le fait que pour que ce dernier ait des chances de réussite, il doit être conduit dans le respect absolu des responsables et des équipes. Elle observe que l'état de santé de madame Frêne, bien que toujours fragile, s'est amélioré. Elle souligne que son expérience lui a appris que dans ce genre de pathologie les personnes concernées ont besoin, en milieu professionnel, d'un fil rouge lointain, comme une corde de rappel à laquelle elles peuvent se raccrocher quand cela s'avère nécessaire. Elle indique que pour les aider à progresser professionnellement il convient de *« les aider à passer de wagon en wagon »*.

Caractérisation de la situation de handicap, facilitateurs et obstacles

Alain Blanc[11] définit le handicap comme un écart par rapport à une norme partagée ou en l'occurrence par rapport à des attendus partagés dans le cas du contrat de travail. Il y a des attendus explicites qui portent sur la mission, sur la tâche, et des attendus implicites qui portent sur le comportement.

On observe ici une très forte défaillance de madame Frêne par rapport aux attendus explicites et implicites, une très importante sous-activité qui résulte de l'interaction forte entre les limites générées par sa pathologie et les facteurs environnementaux, en particulier sociaux et attitudinaux.

Madame Frêne souffre d'une pathologie psychiatrique lourde et ancienne dont les sources d'incapacité sont au nombre de deux :

- celle consécutive à la maladie elle-même qui se traduit par une attitude totalement centrée sur elle-même, une absence de communication avec autrui, la négation de la maladie et l'incapacité d'enchaîner les tâches selon un mode logique ;

11. Alain Blanc, « Employabilité limitée et discrimination : les personnes handicapées à l'épreuve de l'insertion professionnelle », *Éducation permanente,* n° 156, 2003, p. 131-152.

- celle générée par le traitement qui induit des problèmes de mémorisation, de la fatigue mentale et des angoisses.

Sur le versant du poids des facteurs environnementaux, ont été facilitateurs pour faire évoluer favorablement la situation de handicap :

- l'attitude empathique et volontariste du nouveau chef de service, sa fonction de correspondant handicap, ainsi que son niveau d'information ;
- la ténacité de l'assistante sociale ;
- la mise à disposition de la mesure « dispositif d'accompagnement » du FIPHFP ;
- la qualité de l'approche triangulaire de la prestation d'accompagnement.

Ont constitué les obstacles caractéristiques de cette situation de handicap :

- la non information des collègues de travail qui a généré une attitude de stigmatisation, de marginalisation et de négligence de madame Frêne ;
- l'attitude de « protection » du corps médical qui a contribué à chroniciser la situation et dont on peut s'interroger, *in fine*, sur son impact sur l'état de santé de l'intéressée ;
- le délai de la procédure administrative de mise en œuvre de la solution : 3 ans entre l'obtention de la RQTH et la mise en œuvre de la prestation d'accompagnement.

Cet exemple est caractéristique des conséquences du silence gardé autour du handicap qui conduit à un immobilisme produisant :

- d'une part l'incompréhension du collectif de travail et d'autre part, l'incompréhension entre les responsables de proximité successifs et l'agent ;
- l'amplification de la situation de handicap et l'aggravation de son état de santé.

Cette histoire de vie en milieu professionnel, assez représentative des situations de handicap liées à la maladie mentale, interroge sur l'absence d'information de l'ensemble des agents. Une telle information sur les situations de handicap et leur gestion pourrait être rendue obligatoire à l'instar de ce qui se pratique pour les risques psychosociaux.

Elle interroge l'organisation qui ne dispose pas de procédure permettant aux responsables de proximité d'être guidés, accompagnés et soutenus dans la gestion de ces situations, ainsi que sur les délais de mise en œuvre des solutions.

Elle interroge sur la formation des responsables de proximité et leur niveau d'information quant à la gestion des situations de handicap.

Elle interroge encore sur la formation continue des médecins de prévention quant à l'analyse des situations de handicap.

Elle interroge sur le référencement auprès des responsables RH de professionnels qualifiés dans leur environnement professionnel proche, capables de les aider à construire des solutions.

Elle interroge enfin, dans les situations liées à la maladie mentale, sur la possibilité de prévoir des modalités légères de suivi dans le temps de la mesure d'accompagnement du FIPHFP. Il s'agirait de pouvoir répondre aux besoins ponctuels d'accompagnements complémentaires qui pourraient s'avérer indispensables pour franchir une nouvelle étape ou affronter les inévitables changements qui ponctuent la vie de travail.

S'agissant de l'accompagnement réalisé par des intervenants extérieurs sans enjeux internes, il s'est révélé bénéfique pour toutes les parties prenantes et probablement thérapeutique pour madame Frêne. Il a incontestablement réussi à faire évoluer positivement une situation de handicap qui s'inscrit pourtant dans le contexte de travail de plus en plus tendu que connaît la fonction publique, appelée à plus de productivité avec des effectifs moindres.

Si besoin en était, cet exemple de bonne pratique démontre que : travailler à réduire les situations de handicap par un accompagnement pertinent, malgré son coût[12], ne peut que contribuer, à terme, à accroître la performance globale d'un collectif de travail.

---

12. Environ 12 000 €.

L'écoute des patients, l'écoute des collaborateurs, une même valeur d'accompagnement

Description du contexte professionnel

Les situations de handicap rencontrées se situent dans un centre hospitalier universitaire (CHU) d'une métropole régionale. Le CHU est un établissement public de santé. Il est composé de différents établissements (5 établissements de soins et d'hébergement[13], 2 établissements industriels[14] ainsi que 12 écoles[15]). Par convention avec la faculté de médecine et de pharmacie le CHU réalise des missions d'enseignement et de recherche médicale.

Il est organisé en 13 pôles d'activité médicale et 11 directions supports. Il compte un peu plus de 10000 salariés dont 7700 non médicaux qui ont assuré en 2013 :

- plus de 500000 journées d'hospitalisation ;
- 456000 consultations externes ;
- 145000 passages aux urgences.

---

13. Divers établissements annexes situés en périphérie de la métropole régionale.

14. La blanchisserie et l'Unité centrale de production de restauration.

15. 12 écoles et instituts paramédicaux sont regroupés au sein d'une seule et même entité : l'Espace régional de formation des professions de santé (ERFPS) regroupant 1 475 étudiants.

Le maintien dans l'emploi est l'une des priorités du volet social du projet d'établissement 2013-2018 du CHU.

Le dispositif de réintégration des agents dans leur milieu professionnel après une longue absence en est un des leviers.

Il est basé sur une approche pluridisciplinaire entre la direction des ressources humaines, la direction des soins, la médecine du travail et les cadres des services accueillants.

Extraits du Rapport d'activité 2013 du CHU

Tous ces intervenants contribuent à rendre les personnels acteurs dans leurs parcours, qu'ils soient en maintien, ou en retour à l'emploi. Ils accompagnent les agents et leur permettent de valoriser leurs compétences et d'avoir confiance en leur capacité.

Pour faciliter la lisibilité de ces actions, la direction des ressources humaines du CHU a choisi de structurer son action autour des pôles d'activité. L'échelle du pôle a semblé la plus opportune pour accompagner les personnes en situation de handicap ou d'inaptitude. Elle permet de mettre en place des accompagnements individuels, en partenariat avec la DRH et plus particulièrement le Correspondant handicap Maintien dans l'emploi, qui coordonne toutes les actions au niveau de l'établissement.

La proximité permet aux agents en difficulté de se référer au cadre supérieur de pôle, soit directement, soit par l'intermédiaire de leur supérieur hiérarchique. De plus, comme le nombre de pôles est relativement restreint, la DRH a des interlocuteurs peu nombreux, ce qui facilite la circulation d'informations.

Par ailleurs, la taille des pôles est suffisamment importante pour trouver des solutions de reclassement ou d'adaptation de poste au sein même de ces structures, de sorte que les agents en difficulté conservent leurs repères et leurs interlocuteurs habituels.

Il a semblé indispensable de conduire cette politique handicap en s'appuyant sur les personnes elles-mêmes en situation de handicap. Depuis un an, des actions sont réalisées pour rendre les agents en reconversion acteurs de leur projet professionnel.

La Direction des Formations, accompagnée de la Direction des Soins et de la DRH, met à disposition des agents les outils pour qu'ils construisent eux-mêmes leurs parcours professionnels. Après un cycle de formation les agents sont amenés à présenter leur projet devant la cellule d'orientation professionnelle. Si le projet est validé, ces personnes suivent des formations d'adaptation dans leurs nouveaux postes.

L'année 2013 a été marquée par la création de Commissions de maintien dans l'emploi (COMES) au niveau des pôles et des directions.

Ces COMES de pôle ou de direction, pluri-professionnelles, sont organisées à l'échelle de chaque pôle et de chaque direction.

Elles poursuivent les objectifs suivants :

- *suivre les situations individuelles au plus près du terrain ;*
- *apporter une réponse adaptée et rapide aux agents en difficulté ;*
- *centraliser les informations et les démarches à plus petite échelle.*

Elles sont composées du :

- *chargé de maintien-retour à l'emploi du pôle ;*
- *cadre supérieur de santé du pôle ;*
- *médecin du travail ;*
- *correspondant handicap et du service social du personnel.*

Elles se sont vues doter d'un certain nombre de missions :

- *établir la liste des agents en retour-maintien dans l'emploi au sein du pôle ;*
- *anticiper le retour au travail et trouver une affectation de poste qui soit adaptée à l'état de santé de l'agent ;*
- *permettre la réalisation d'une synthèse des situations individuelles ;*
- *envisager les modalités du retour à l'emploi pour les agents en arrêt maladie prolongé et ceux en congés longue maladie ou longue durée ;*
- *évaluer la réalisation de « l'engagement réciproque de maintien dans l'emploi. »*[16]

À ce jour, treize COMES de Pôles ont été mises en place et 300 situations individuelles traitées.

Le CHU finalise une nouvelle convention avec le FIPHFP pour la période 2015-2018. La convention triennale qui s'achève a vu passer le taux d'emploi direct* de 4,2 % à 6,1 % en fin 2013.

16. Dans le cadre d'un accompagnement renforcé, l'engagement réciproque de maintien dans l'emploi est une contractualisation morale entre le cadre du service d'accueil, l'agent en situation de handicap et la DRH pour définir les modalités soit, d'une période d'évaluation dans un nouveau poste, soit d'une montée en charge progressive.

Historique et description des situations témoins

La DRH a choisi de présenter 5 exemples d'accompagnement d'agents en situation de handicap qu'elle juge représentatifs des valeurs et de la méthode déployée qui vise à rendre l'agent acteur de son devenir professionnel. Les agents, volontaires pour apporter leur témoignage, étaient accompagnés de leur cadre hiérarchique de proximité lors des entretiens avec l'intervenant.

Quand les problèmes s'enchaînent et s'amplifient…

Monsieur Sureau, 35 ans, est entré dans la fonction publique hospitalière à la sortie de sa formation professionnelle, titulaire d'un BEP d'imprimerie. Il effectue sa première année en qualité de contractuel dans le service reprographie, puis une deuxième année avec le statut de stagiaire et fut titularisé avec le grade d'ouvrier professionnel qualifié.

À l'âge de 25 ans les premières difficultés de santé apparaissent avec une double manifestation : des problèmes de ménisque et de tendon rotulien d'une part et d'autre part, des épisodes de crise d'épilepsie.

Déclaré inapte à son emploi d'imprimeur, il fait l'objet d'une nouvelle affectation au sein du service « Médiation-sûreté ». Durant les deux premières années il exerce la fonction de portier au poste de garde de l'entrée du CHU. Insatisfait de cette affectation, on lui propose d'assurer des fonctions de médiateur qui consistent à intervenir lorsqu'il y a des conflits entre le personnel et les patients ou les visiteurs pour réduire les tensions. Au bout d'un an, il enchaîne de nombreux arrêts de travail suite à l'apparition de crises d'angoisses qu'il estime être en lien avec son activité de médiation. Il subit plusieurs opérations du genou et, *in fine,* éprouve des limites à la marche et des douleurs continuelles.

Il se retrouve ainsi, à 30 ans, en congé longue maladie, période d'inactivité qui durera deux ans et demi.

Quand une carrière se brise, d'effondrements en effondrements…

Madame Cola, 47 ans, titulaire d'un diplôme d'infirmière, entre au CHU en 1990. En 1991, elle rejoint un grand hôpital parisien où elle obtient, en 1997, la qualification d'infirmière de bloc opératoire. Elle réintègre le CHU en 2002 dans un service de neurochirurgie.

À partir de 2006, elle fait fonction de cadre dans le service de stérilisation des instruments. Dans ce poste, elle dirige 50 agents. Elle obtient le

Diplôme universitaire de stérilisation et suit une formation d'auditeur interne en qualité. En 2010, elle prépare le concours de cadre.

C'est précisément au printemps de cette même année que sa santé se dégrade brutalement par un état de grand mal asthmatique[17] déclenché par une allergie au formaldéhyde[18]. En milieu hospitalier ces solutions sont utilisées comme biocides[19], c'est-à-dire comme produits désinfectants, ici pour la stérilisation des instruments.

Dès le mois de juin, le médecin du travail préconise de prévoir une autre affectation, mais madame Cola étant dans le déni de cette pathologie, elle ne souhaite pas donner suite. En août, elle connaît un nouvel état de grand mal asthmatique foudroyant qui nécessite une hospitalisation en réanimation. Madame Cola vit alors un premier effondrement quand elle prend conscience de la récurrence de

---

17. L'état de mal asthmatique ou « asthme aigu grave » est une complication aiguë pouvant mettre en jeu le pronostic vital. C'est une urgence médicale nécessitant une reconnaissance rapide et un traitement d'urgence en réanimation. Il se traduit par un état asphyxique dramatique avec angoisse.

18. Les solutions aqueuses de formaldéhyde sont plus couramment appelées « formol ».

19. Les produits biocides sont des préparations de substances actives à usages domestiques ou industriels. Ces produits de la vie courante regroupent les désinfectants ménagers, les insecticides et les autres produits visant à éliminer, détruire ou repousser des organismes jugés nuisibles (champignons, bactéries, virus).

cette pathologie et de l'obligation de composer avec toute sa vie, car les formaldéhydes sont très présents dans la vie domestique[20].

15 jours avant la date du concours de cadre, elle apprend que l'administration du CHU s'oppose à ce qu'elle postule à ce concours car le médecin du travail a prononcé une inaptitude à tous postes hospitaliers. C'est alors la seconde phase d'effondrement car elle est extrêmement attachée à sa profession de soignante.

Les solutions qui lui sont proposées à ce stade sont soit :

- un licenciement avec une mise à la retraite (15 ans d'ancienneté et 3 enfants) ;
- un statut de longue maladie durant 3 ans ;
- un bilan de compétences et une formation pour un reclassement externe.

Commence alors pour madame Cola un long travail de deuil de son métier.

Quand la vision s'estompe…

Madame Ébène, 51 ans, actuellement agent de service hospitalier, a commencé sa carrière professionnelle au CHU en 1982. Elle a occupé successivement les postes de lingère, cuisinière, puis

20. Détergents, colles, résines, panneaux de bois, laine de verre, fumées de tabac, conservateurs…

a suivi la formation d'aide-soignante. Fonction qu'elle a occupée de 2000 à 2003.

C'est à la suite d'une tendinite au poignet, reconnue maladie professionnelle, qu'elle vit son premier reclassement.

Elle connaît alors plusieurs affectations sur divers postes d'accueil avant d'être mutée en 2007 à la direction des ressources humaines. À ce poste elle est chargée de gérer informatiquement les sorties et les entrées des dossiers du personnel et leur classement physique.

En 2011, une rétinopathie évolutive se déclare. Il s'agit d'une pathologie lourde, sans traitement possible, qui se traduit par une sévère perte de l'acuité visuelle, une vision floue, des tâches aveugles et une quasi-cécité dans les environnements de faible luminosité.

Madame Ébène connaît alors une situation de handicap grandissante, tant pour la réalisation de ses tâches professionnelles que pour ses déplacements. Ne pouvant plus conduire elle subit, en effet, une perte d'autonomie.

Quand la douleur gagne le corps et l'esprit…

Madame Lilas, 38 ans, aujourd'hui aide-soignante, a commencé à travailler au CHU en 1994. En 2004 elle est nommée aide-soignante et affectée dans un service de gérontologie spécialisé dans les pathologies neurodégénératives lourdes de la vieillesse (personnes en situation de dépendance, personnes atteintes de la maladie d'Alzheimer). Elle y travaille 5 ans de jour et 4 années de nuit.

Durant l'année 2011 elle connaît un enchaînement de problèmes de santé :

- apparition de troubles musculo-squelettiques qui se traduisent par une douleur permanente de l'épaule ;
- gastrectomie totale ;
- syndrome d'épuisement professionnel (*burnout*).

S'ensuit un état dépressif nécessitant un arrêt de travail de plus d'un an durant lequel madame Lilas exprime avoir vécu un fort sentiment d'abandon.

Quand la récidive vient à bout de la passion…

Madame Cade, âgée de 30 ans, aide-soignante, fait son entrée dans la vie active directement au CHU en 2006. Les cinq premières années elle travaille dans un service de gériatrie. Puis, elle rejoint pendant deux ans un service de soins de suite et de réadaptation.

Dans ce dernier, la première année, elle connaît un accident de travail qui va lui laisser des séquelles à un bras et aux vertèbres cervicales. L'année suivante deux récidives la conduisent à l'inaptitude au port de charges et à la manutention des patients.

Madame Cade éprouve des douleurs intenses et permanentes qui lui créent des difficultés à la marche, doublées d'une souffrance morale de ne plus pouvoir exercer son activité auprès des patients. D'autant que son métier la passionnait : « *En arrêt de travail à partir de 2011*, je *ne voyais pas mon devenir, je me posais beaucoup de questions et j'éprouvais un grand sentiment de solitude, comment faire ?* ».

Nature et résultats des prestations d'accompagnement

Comment faire pour réduire toutes ces situations de handicap ? S'il est avéré que les reclassements et les retours à l'emploi sont plus aisés à concrétiser dans une organisation de plus de 10 000 agents que dans une petite structure, tant les opportunités sont multiples, encore faut-il les exploiter systématiquement et organiser les processus. C'est là toute l'ambition de la politique handicap mise en œuvre par le CHU.

Avant de décrire les modalités d'accompagnement qui ont été déployées, il convient de noter que, pour les 5 agents concernés, ce sont eux qui ont été à l'initiative de leur retour à l'emploi en saisissant les différents processus mis à leur disposition. Cette volonté proactive n'est sans doute pas étrangère à la réussite de leur réinclusion dans l'emploi.

Quand la philosophie managériale conduit à interroger l'organisation…

Le reclassement de *monsieur Sureau* s'est réalisé *via* la Commission de maintien dans l'emploi (COME) de son pôle professionnel d'origine. La COME est une instance de concertation où l'on s'intéresse davantage aux compétences qu'aux restrictions et où l'on travaille les souhaits et les attentes des agents concernés. Les COMES ont été créées à l'initiative de la médecine du travail.

Monsieur Sureau a réintégré la Direction de la communication au sein du service audiovisuel qui comprend 6 agents. Il partage son temps entre des tâches de communication et de réalisations audiovisuelles. S'agissant de la communication il s'occupe de la logistique du service, des affichages et des approvisionnements. En audiovisuel il assure des prises de vues, de son et du montage.

La DRH pilote le volet social du projet d'établissement. À ce titre, en phase avec les valeurs du projet : le respect, l'esprit d'équipe, le sens du service et le dynamisme, elle promeut le « management bienveillant », basé sur la reconnaissance, l'équité, le respect, l'empathie et la communication. Des formations déclinent cette orientation. Elle organise depuis 3 ans les carrefours du management où les cadres, regroupés en ateliers, participent à l'élaboration du projet d'établissement et mènent des recherches en management[21].

Cette culture managériale a amené le directeur de la communication à s'interroger sur l'organisation du service audiovisuel lorsque la proposition d'intégrer monsieur Sureau lui a été faite. Sa réflexion s'est articulée avec un autre axe du volet social du projet d'établissement : l'amélioration continue de la qualité de vie au travail. Il s'agissait de rechercher une nouvelle organisation qui permette à chaque membre de l'équipe de s'inscrire dans une dynamique de qualification, y compris pour monsieur Sureau. C'est ainsi qu'il a pu reprendre une activité et se former à un ensemble de tâches de technicien. Ce qui a eu pour effet de délester ses collègues qui ont pu développer leurs compétences sur leur cœur de métier respectif.

C'est ainsi par une réorganisation préalable à la reprise d'activité de monsieur Sureau, fondée sur un transfert de compétences et une dynamique de qualification, que le collectif de travail a pu intégrer très positivement ce nouveau collègue dont l'arrivée était synonyme d'une meilleure qualité de vie au travail.

21. Ces travaux ont été regroupés dans Thierry Nobre (dir.), *L'innovation managériale à l'hôpital*, Dunod, 2013.

L'écoute : une clef de l'accompagnement…

Fin 2011, à l'issue d'un long processus de deuil de son métier d'infirmière, *madame Cola* postule à un poste d'assistant codeur dans l'Unité d'information médicale du département d'épidémiologie et de santé publique. Il s'agit d'un travail de saisie informatique de comptes rendus hospitaliers servant à facturer l'activité du département[22]. Le service comprend 18 assistants codeurs, 2 informaticiens, 2 médecins et un interne. L'espace de travail a fait l'objet d'un aménagement accompagné par le FIPHFP qui a consisté à supprimer toutes les sources potentielles de formaldéhyde.

Madame Cola avait un important besoin de parler de « sa chute », sa carrière brisée, son deuil d'une profession où elle se réalisait pleinement. Son accompagnement a contribué à créer les conditions pour qu'elle soit écoutée, entendue, comprise, aidée, par le dialogue avec ses supérieurs directs, à se reconstruire une identité valorisante, à se projeter dans un nouvel avenir.

Le premier maillon de la chaîne de l'écoute fut l'assistante sociale qui en présentant la reconnaissance de travailleur handicapé lui permettait de réouvrir un avenir professionnel à l'hôpital. Puis ce furent les nombreux et longs dialogues avec ses anciens cadres et chefs de service. Enfin, ce qui

22. Tarification à l'activité.

fut déterminant c'est l'accompagnement de la psychologue du travail durant toute une année.

Aujourd'hui madame Cola vit bien son intégration dans son nouveau collectif de travail, mais elle se trouve surqualifiée et surpayée par rapport à ses tâches et à ses collègues. Situation pour laquelle elle éprouve un sentiment de culpabilité. Elle aspire à reprendre des fonctions d'encadrement dans le département. Un projet dans ce sens semble se dessiner…

Conjuguer efficacement soutiens internes et externes…

Madame Ébène poursuit sa carrière au sein de l'espace carrières de la DRH. Elle travaille en binôme, ainsi les tâches sont réparties entre les deux agents en fonction des capacités de madame Ébène. Son poste informatique a été aménagé avec le concours du FIPHFP en le dotant d'un logiciel de grossissement de caractères après avoir bénéficié des prestations du Sameth et du SIADV[23].

Ne pouvant plus utiliser son véhicule pour se rendre à son travail, elle a bénéficié dans un premier temps d'un taxi sur l'ensemble du trajet financé par les fonds du FIPHFP, puis d'une prise

23. Service interrégional d'appui aux adultes déficients visuels, chargé de les conseiller sur les aménagements et moyens de compensation.

en charge permanente de son domicile à la gare la plus proche.

C'est la mise en œuvre coordonnée par l'assistante sociale de ces soutiens externes et de ceux en interne de la directrice et de la responsable de l'espace carrière qui ont permis à madame Ébène de se sentir confortée dans sa volonté de reprendre le travail. *« Se sentir aidée au niveau de la prise des rendez-vous et pour évoquer les perspectives c'est primordial ! On a un gros besoin de soutien moral »*.

Néanmoins, si aujourd'hui madame Ébène a trouvé un équilibre dans sa situation de travail, celui-ci reste fragile car exposé à l'évolutivité de la pathologie visuelle. Or aucune disposition ne semble être prise pour anticiper une éventuelle aggravation de la situation de handicap. Une surveillance médicale renforcée ou un suivi régulier par une instance ou un professionnel *ad hoc* serait de nature à optimiser l'accompagnement.

Quand la médecine du travail mobilise la palette des moyens…

En septembre 2012, *madame Lilas* est orientée vers la MDPH par la médecine du travail. Elle est reconnue travailleur handicapé. Ensuite, elle bénéficie de la Consultation infirmière pour le maintien des capacités au travail (CIMCAT). Mise en place par la médecine du travail en 2011, cette consultation a vocation à aider les agents dans leur retour à l'emploi après un long arrêt maladie. Il s'agit d'une prestation d'accompagnement dont la durée peut être très variable car s'ajustant à la situation. Elle se poursuit pendant et après la reprise du travail.

Le dispositif CIMCAT est réalisé en binôme infirmière de santé au travail/médecin du travail en partenariat avec les acteurs du maintien dans l'emploi. Son objectif vise à élaborer avec l'agent un projet de reprise et à cheminer avec lui vers une solution. L'agent garde l'initiative à toutes les étapes du processus de retour à l'emploi. À sa demande l'infirmière peut l'accompagner lors de ses rendez-vous avec les services de la DRH, la Direction des soins ou l'encadrement du service d'accueil. Après la reprise, l'infirmière effectue un suivi régulier de l'adaptation du poste avec l'agent et l'encadrement.

Les échanges entre l'infirmière et l'agent sont fondamentaux. Ils évitent la perte d'informations et permettent le maintien du lien favorisant le retour au travail.

Ainsi, madame Lilas a bénéficié d'un suivi bimestriel lors :

- d'un bilan de compétences ;
- de sa reprise en mi-temps thérapeutique ;
- et de son affectation sur plusieurs postes d'attente.

avant d'intégrer son poste actuel dans le service de génétique clinique. Ce poste a été conçu initialement par la cadre de santé comme un poste d'accueil d'agents en reclassement à l'occasion d'un déménagement et d'une réorganisation du service.

Le poste a été aménagé par l'ergonome du CHU dans la perspective d'accueillir des agents à mobilité réduite, notamment en fauteuil roulant. Le service est composé de 6 secrétaires, 2 infirmières, une assistante sociale, 2 conseillères en génétique, 13 médecins et 2 internes.

L'intégration de madame Lilas dans ce service est récente. Elle a fait l'objet d'un contrat d'engagement réciproque tripartite[24], d'une durée d'un an, afin d'opérer un accompagnement renforcé durant une montée en charge programmée suivie d'une évaluation. La cadre du service considère que l'entretien préalable avec la DRH et l'agent, puis la contractualisation sont de vrais atouts pour la réussite de l'insertion car ils permettent de baliser

24. Cf. note de bas de page n° 16.

le retour à l'emploi et de le suivre par des points d'étape réguliers.

Les tâches actuelles de madame Lilas recouvrent la fonction d'accueil des patients et de leur famille, ainsi que la constitution des dossiers. Aujourd'hui, comme madame Cola, elle éprouve un sentiment de déclassement et des difficultés à se projeter dans ce nouvel emploi pendant encore 20 ans. Le deuil du travail au contact de patients et la reconstruction d'une représentation de soi positive dans l'emploi ne sont pas encore achevés...

Créer de nouvelles fonctions pour mieux servir la mission...

À présent *madame Cade* n'a plus le temps de se poser des questions ni d'éprouver une quelconque solitude. Bien au contraire, elle est immergée dans le fourmillement des urgences adultes dans un nouveau métier : agent d'accueil téléphonique et des familles.

Le service reçoit environ 250 patients par jour en moyenne et entre 30 et 80 appels téléphoniques. Le rôle de madame Cade consiste à renseigner les familles sur les actions médicales en cours auprès de leur parent pris en charge dans le service. C'est un travail relationnel qui nécessite à la fois une expérience des activités de soins, de la diplomatie et de la psychologie.

Le retour à l'emploi s'est enclenché par une orientation de la médecine du travail vers la correspondante handicap maintien dans l'emploi qui a saisi la commission de maintien dans l'emploi du pôle médecine. La reprise s'est opérée progressivement par une affectation temporaire en mi-temps thérapeutique dans le service de médecine petite enfance.

Les clefs de la réussite sont ici de deux ordres. Dans un premier temps la qualité d'écoute de la correspondante handicap maintien dans l'emploi est mise en avant par madame Cade. Mais également celle des cadres « *qui ont su adapter les choses à ce que je vivais, par touches successives, pour que je me sente bien* ». À l'inverse, madame Cade estime que la médecine du travail n'a jamais su trouver réellement les mots appropriés pour définir la situation qu'elle vivait : elle en garde une forme de ressentiment comme une occasion manquée, voire une chance gâchée de retour précoce à l'emploi.

Le second facteur tient à la qualité de la réflexion managériale de la cadre de santé du service des urgences. Au-delà de ses propres valeurs personnelles, il y a là le résultat d'appropriation des valeurs du vaste travail managérial entrepris depuis 3 ans par le CHU. Elle s'est posée la question : comment puis-je concilier le besoin de contact direct avec les soins d'une ancienne aide-soignante, de se recréer en dehors d'une fonction strictement administrative, avec le besoin d'améliorer la qualité de vie au travail des personnels urgentistes ?

La solution de cette équation fut de créer une nouvelle fonction qui ne pouvait que concourir au meilleur accueil de sa titulaire par le collectif de travail, qui se trouvait ainsi déchargé de ses tâches de renseignement des familles afin de pouvoir mieux se consacrer à sa mission de soins.

Caractérisation des situations de handicap, facilitateurs et obstacles

Dans les 5 cas présentés les situations de handicap sont totales dans le sens où il ne s'agit pas de restrictions d'activités mais bien d'impossibilités de continuer de travailler sous le sceau de l'inaptitude.

Dans 3 des situations, les facteurs liés aux conditions de travail peuvent être évoqués comme autant d'obstacles au sens de la classification québécoise du processus de production du handicap (PPH). C'est en particulier le cas des aides-soignantes confrontées à la manutention des patients qui nécessite des efforts physiques répétitifs dans des postures difficiles. C'est aussi le cas de l'infirmière confrontée à un produit fortement allergène.

Dans les deux autres situations : déficience visuelle évolutive et fragilité du genou, la source de la situation de handicap relève plus des facteurs personnels. Bien que, dans un second temps, l'on puisse toutefois s'interroger sur l'impact de la fonction de médiateur dans l'apparition des crises d'angoisse de monsieur Sureau.

Dans le registre des facteurs facilitateurs qui ont permis la réussite de ces accompagnements, la culture d'établissement et le climat social sont indéniablement les deux fondements d'un édifice vertueux, à la fois pour la qualité d'accueil et de séjour des patients et pour la qualité de vie au travail des agents.

Le travail managérial approfondi et continu sur les valeurs : le respect, l'esprit d'équipe, le sens du service et le dynamisme a permis de leur donner une incarnation concrète à travers :

- l'élaboration d'une politique pour l'insertion et le maintien dans l'emploi des personnes en situation de handicap *via* une convention avec le FIPHFP qui prévoit une fonction permanente de correspondant handicap maintien dans l'emploi, et qui permet des réponses rapides ;
- une attitude proactive du service de médecine du travail qui est à l'initiative de création de processus d'accompagnement, les COMES de pôle et la CIMCAT ;
- la mobilisation du service social et son rôle actif dans la coordination des acteurs ;

- l'instauration de postes de reclassement temporaires ;
- les outils d'auto-évaluation et d'auto-conduite de leur projet de reclassement par les agents eux-mêmes élaborés et mis à disposition par la Direction des formations ;
- un management « bienveillant » basé sur la reconnaissance, l'équité, le respect, l'empathie et la communication ;
- l'association active du cadre du service d'accueil et de l'agent en reclassement à travers le contrat d'engagement réciproque tripartite ;
- le rôle d'écoute des psychologues du travail et du service social dans l'accompagnement du travail de deuil de l'ancien métier ;
- la place de la créativité laissée aux cadres en matière d'organisation et leurs initiatives ;
- la connaissance et la maîtrise des ressources spécialisées extérieures.

Toute cette dynamique concoure à réaliser de véritables conditions d'écoute des agents en situation de handicap. *« Comment les agents peuvent-ils être à l'écoute des patients si nous-mêmes ne sommes pas à leur propre écoute ? »* Ainsi résume une cadre de santé le fait qu'au CHU **l'écoute est devenue la valeur sous-jacente de l'accompagnement.** Que ce soit celui des patients ou celui des agents en situation de handicap.

Pour réunir les conditions d'écoute il faut des espaces de dialogue qui ont vocation à maintenir le lien social avec l'institution, permettre le travail de deuil de l'ancien métier, aider à la reconstruction professionnelle. C'est le sens des différentes commissions d'orientation, de maintien dans l'emploi et de la CIMCAT.

L'accompagnement des agents en situation de handicap au CHU se réalise dans l'acception pleine et entière du concept d'accompagnement. Les agents sont incités à être acteurs de leur parcours. Des processus, des ressources humaines et financières sont mis à disposition pour concrétiser leur volonté de redémarrer une activité. L'encadrement est disposé à collaborer, motivé et proactif.

Faire face : quand la DRH s'organise autour et pour l'accompagnement des agents en situation de handicap

Description du contexte professionnel

L'analyse qui suit porte sur une ville préfecture de 52 000 habitants d'un département à dominante rurale. Son organisation comprend une direction générale, 4 directions générales adjointes, 9 directions, une soixantaine de services et gère 2 établissements publics : le Centre communal d'actions sociales (CCAS) et la Caisse des écoles (correspondant à l'unité centrale de production – UCP). L'effectif total des agents s'élève à 2 200, CCAS et Caisse des écoles inclus.

La collectivité enregistre un nombre croissant d'avis d'inaptitude et de restrictions l'obligeant à réfléchir en permanence à des solutions de maintien dans l'emploi. Elle a de plus en plus d'agents en reclassement professionnel du fait, principalement, de l'allongement de la durée des carrières, de la pénibilité du travail et de la monotonie des tâches. En 2013, 158 avis de restrictions au poste de travail ont été formulés par le médecin de prévention. Cette tendance inflationniste résulte notamment d'une pyramide des âges élevée : 67 % des agents sont âgés de 40 ans et plus, dont 20 % ont plus de 54 ans.

C'est pour anticiper les conséquences de ce constat que dès 2008 les élus comme les techniciens ont souhaité qu'une dynamique globale et proactive soit mise en œuvre pour améliorer la prévention des risques professionnels, les conditions de travail et le reclassement des agents.

Une réorganisation de la Direction des ressources humaines a été diligentée pour répondre à cette ambition. Elle s'est déroulée en *deux phases* :

- *le premier temps* a consisté à formaliser les procédures Hygiène et Sécurité ainsi que le document unique de prévention[25] en unissant tous les acteurs de l'Hygiène et de la Sécurité, au sens large (médecine du travail, pôle accidents, pôle maladie, pôle assistante sociale) ;
- *le deuxième temps,* les fondamentaux organisationnels étant posés, la culture de l'hygiène et de la sécurité étant instaurée, s'est attaché à mettre en œuvre non plus seulement l'hygiène et la sécurité mais les conditions de travail dans leur ensemble avec un accent particulier sur la prévention des risques, la réparation des dommages, s'il en est, et l'accompagnement des personnes.

25. Le document unique de prévention est un document obligatoire qui recense l'ensemble des risques professionnels auxquels peuvent être exposés les agents. Il est mis à jour chaque année. Il sert de base à l'élaboration des plans annuels de réduction des risques professionnels.

Pour porter ces évolutions la DRH, outre le service classique d'administration du personnel, s'est réorganisée en *deux nouvelles entités :* le service Emploi et conditions de travail (ECT) et le service Développement des compétences (DC).

Le service Emploi et conditions de travail regroupe notamment les pôles :

- stage/apprentissage ;
- recrutement/remplacement ;
- hygiène/sécurité et conditions de travail ;
- médecine du travail[26] et prévention sociale ;
- insertion des personnes en situation de handicap[27].

Le service Développement des compétences regroupe notamment les pôles :

- formation ;
- reclassement.

Le service Développement des compétences s'est vu doté d'un pôle reclassement spécifique, point de départ de tout projet de repositionnement. Ce pôle participe à l'effort collectif consenti par la Municipalité pour accompagner les personnels en situation d'empêchement professionnel du fait de leur santé ou état physique.

---

26. La collectivité s'est dotée d'un médecin du travail à temps plein.

27. Une personne référente handicap pour la collectivité est intégrée au service Emploi et conditions de travail.

Formations et/ou immersions sont ainsi réalisées afin de permettre à l'agent d'appréhender sa nouvelle situation professionnelle. Pour certains d'entre eux, le reclassement passe par un diagnostic personnel et un parcours lourd et indispensable, nécessitant parfois de reprendre les bases scolaires.

Les deux services travaillent en étroite collaboration et participent aux travaux de la récente cellule de maintien dans l'emploi.

Cette cellule technique qui se réunit en moyenne 6 fois par an a pour vocation de réunir autour d'une même table l'ensemble des compétences et connaissances nécessaires au suivi des dossiers. Elle est ainsi en mesure de proposer des solutions prenant en compte la situation professionnelle, médicale et sociale de l'agent.

La Cellule de maintien dans l'emploi est constituée :

- du DRH et des chefs de service RH Ville ;
- de la Directrice administrative du CCAS et des chefs de service CCAS ;
- du référent des personnes en situation de handicap ;
- du médecin de prévention ;
- de la conseillère en prévention ;
- de l'assistante sociale ;

- de la conseillère en insertion professionnelle ;
- de toute personne invitée pour apporter son expertise.

Ces repositionnements professionnels sont très souvent assortis de moyens techniques, organisationnels et/ou humains visant à aménager le nouveau poste de l'agent. Pour cela un partenariat a été établi avec le Sameth.

Les agents en situation de handicap bénéficiaires de l'obligation d'emploi (BOE)* sont au nombre de 127 en 2014. Le taux d'emploi direct de la collectivité s'élève à 6,8 % et elle a signé au mois d'avril 2015 une première convention triennale avec le FIPHFP, pour soutenir son plan d'action de développement de solutions de maintien dans l'emploi pérenne des BOE, mais aussi de reconversion et de reclassement professionnels.

Historique et description des situations témoins

La DRH a choisi de présenter *4 exemples d'accompagnement d'agents en situation de handicap* qu'elle juge représentatifs des reclassements réussis. Les agents, volontaires pour apporter leur témoignage, étaient accompagnés de leur cadre hiérarchique de proximité et d'un représentant des directions supports de la DRH lors des entretiens avec l'intervenant. Il a été également présenté la situation d'un jeune déficient intellectuel recruté en contrat d'apprentissage de peintre dans les services techniques municipaux, actuellement en emploi d'avenir. Cependant pour ce dernier l'accompagnement mis en œuvre n'a pas présenté de différences significatives avec celui de n'importe quel autre apprenti qui ne serait pas en situation de handicap, si ce n'est peut-être un temps un peu plus long de tutorat.

Quand la maladie frappe jeune…

Madame Sorbier, 35 ans, est entrée dans la fonction publique territoriale en 2002 à l'âge de 23 ans. Précédemment, elle avait obtenu un CAP « Petite enfance » et un BEP « Carrières sanitaires et sociales ». Elle commence sa vie professionnelle comme veilleuse de nuit dans une maison de retraite pendant deux ans avant d'intégrer la collectivité territoriale, au CCAS, dans l'emploi d'auxiliaire de vie auprès de personnes âgées et de personnes en situation de handicap. Elle obtient son diplôme d'auxiliaire de vie en formation continue.

À 30 ans, se déclare une spondylarthrite ankylosante[28], maladie évolutive qui en 2011 nécessite un

28. La spondylarthrite ankylosante est une maladie inflammatoire articulaire chronique. Elle se manifeste par des crises douloureuses (dites « poussées »), alternant avec des périodes d'accalmie (dites « de rémission »). Après de nombreuses années, cette affection peut évoluer vers un enraidissement des zones touchées (ou « ankylose »).

arrêt de travail qui durera 3 ans. Opérée en 2013 de l'épaule, madame Sorbier se voit déclarée inapte à son poste d'auxiliaire de vie par le comité médical. Elle a déposé en 2013 une demande de reconnaissance de la qualité de travailleur handicapé.

Quand la maladie agit insidieusement sans être reconnue…

Monsieur Olivier, 53 ans, titulaire d'un BTS Génie Climatique – Énergétique, est entré dans la fonction publique territoriale en 1986 dans un office d'HLM, affecté au pôle « Énergies et fluides ». Puis il travaille une année dans le secteur privé avant d'intégrer la collectivité, en mai 2002, dans le service « Patrimoine et construction ». Il occupe alors le poste de responsable de la cellule « Énergie ». En sa qualité de technicien principal de première catégorie il encadre 4 personnes.

Pour monsieur Olivier, au fil du temps, la vie professionnelle devient de plus en plus éprouvante. Pour tenir son poste il doit investir de plus en plus d'énergie sans en comprendre la raison. Maintenir des relations de travail ordinaires avec ses collaborateurs devient chaque jour une épreuve grandissante qui absorbe toute son énergie. Jusqu'à ce jour de 2012 où, malgré le fait qu'il ait réduit son niveau d'investissement professionnel, il subit un effondrement total, qu'il vit avec une très forte culpabilité.

S'ensuivent de fréquents arrêts de travail durant 22 mois au cours desquels ni l'intéressé, ni le corps médical ne comprennent les raisons de cette perte d'énergie et de cet effondrement. Ce n'est qu'au dernier trimestre 2013 que le diagnostic se révèle : monsieur Olivier souffre d'une forme d'autisme Asperger[29]. Après une expertise en février 2014, il est déclaré inapte aux postes d'encadrement par le comité médical départemental.

---

29. Chez les adultes, il peut être difficile de distinguer les troubles du spectre autistique d'autres troubles psychiatriques car ils ont souvent certains symptômes en commun.

Le syndrome d'Asperger n'est pas une maladie mentale d'origine psychologique : c'est un trouble du développement neurologique d'origine génétique.

Les principales perturbations des sujets atteints touchent la vie sociale, la compréhension et la communication. Ces troubles sont la conséquence d'une anomalie de fonctionnement des centres cérébraux dont la fonction est de rassembler les informations de l'environnement, de les décoder et de réagir de façon adaptée. Le sens des mots, la compréhension et la communication sont affectés. Le sujet ne parvient pas à décoder les messages qui lui arrivent (il paraît submergé par la « cacophonie » de l'environnement), ni à adresser clairement ses propres messages à ceux qui l'entourent.

Il est dispersé dans l'espace, déphasé dans le temps, dépassé par les échanges, et sa communication maladroite et hésitante se perd le plus souvent dans des tentatives avortées.

Pour être moins dispersé, il se concentre sur les détails ; pour être moins déphasé, il se complaît dans les routines ; ses échecs de communication avec les autres l'amènent à une concentration exclusive sur lui-même, sans pour autant le satisfaire (Gilbert Lelord, *L'exploration de l'autisme : le médecin, l'enfant et sa maman*, Grasset, 1998).

Quand la pénibilité des tâches génère la maladie professionnelle…

Madame Érable, 47 ans, est entrée dans la fonction publique territoriale à l'âge de 25 ans à l'issue d'une formation de couture. Elle est affectée au CCAS dans la fonction d'auxiliaire de vie auprès des personnes âgées et handicapées. En 2010, au bout de 18 ans d'activité elle souffre de lombalgies qui lui imposent un arrêt de travail de 10 mois. Ses troubles lombaires sont reconnus comme maladie professionnelle en 2011 et dans la foulée le comité médical la déclare inapte.

Quand l'accident conduit à l'inaptitude…

Madame Chêne, 49 ans, intègre la fonction publique territoriale à 25 ans dans l'emploi d'agent d'entretien dans une école primaire de la ville. En février 2010, soit 20 ans plus tard, elle est victime d'un accident vasculaire cérébral qui lui laisse des séquelles, notamment une névrite optique[30] qui atteint les deux yeux et des problèmes d'équilibre liés aux bruits (circulation routière, enfants).

30. Une névrite optique est une inflammation du nerf optique. Elle peut causer une perte soudaine partielle ou complète de la vision. Ces phénomènes peuvent être réversibles mais peuvent aussi évoluer vers une quasi-cécité. La névrite optique atteint la vision centrale. Des zones de « non vue » apparaissent dans le champ de vision. Les contrastes et les couleurs sont difficiles à distinguer ainsi que les objets en pleine lumière.

En octobre 2011, elle reprend le travail pendant 10 mois mais en état dépressif elle est obligée de s'arrêter une nouvelle fois. Elle est alors déclarée inapte et placée en disponibilité d'office en attente de reclassement[31].

L'absence de préparation de la reprise de travail auprès de la direction et du collectif de travail a contribué à accentuer la situation de handicap, notamment par les remarques des collègues sur sa productivité qui ont été à l'origine de son état dépressif et du second arrêt de travail.

Nature et résultats des prestations d'accompagnement

La ténacité pour retrouver le statut d'actif…

Au terme de son arrêt de travail d'une durée de 3 ans, *madame Sorbier* a vu sa situation administrative se traduire par une réduction de moitié de son traitement. Sa période d'arrêt correspondait à la phase de réorganisation de la DRH et de ce fait aucun signal ne lui est parvenu de la part de la collectivité quant à la mise en œuvre d'un quelconque processus de reclassement.

31. Cette situation administrative induit la perte de rémunération et de comptabilisation de trimestres de retraite. Il s'agissait certainement d'une erreur administrative.

Dans les 6 mois qui ont précédé la fin de la période des 3 ans d'arrêt de travail, elle a pris plusieurs initiatives en direction des services qui n'ont pas abouti. Elle a alors tenté plusieurs démarches auprès du cabinet du Maire qui ont fini par déclencher son processus de reclassement.

Madame Sorbier a récemment repris une activité, depuis le 6 novembre, comme agent d'exploitation de la régie de stationnement qui compte 4 agents. Elle travaille dans l'un des deux parkings de la ville où elle assure des tâches de surveillance, de nettoyage et d'administration. Elle souligne la qualité de l'accompagnement de l'assistance sociale qui a fait l'interface avec la récente cellule de reclassement.

Poser des mots pour la reconnaissance de la situation de handicap…

La mise en évidence du syndrome d'Asperger a été pour *monsieur Olivier* une véritable libération qui lui a permis de comprendre son comportement et d'identifier les situations dangereuses pour son équilibre personnel.

Accompagné dans son reclassement par le médecin du travail et le Sameth, monsieur Olivier a souhaité bénéficier de la reconnaissance de travailleur handicapé car elle représente à ses yeux une formalisation de sa situation de handicap : « *J'avais besoin pour mon parcours d'une forme de reconnaissance.* »

Depuis septembre 2014 il a repris une activité de technicien dans son ancien service où il gère des dossiers d'optimisation des consommations d'énergie en procédant à des contrôles et en développant des outils logiciels adaptés. Son temps de travail a été aménagé par une réduction d'une heure par jour. Sa nouvelle situation lui convient et lui permet d'avoir une vie extraprofessionnelle.

Sa réintégration dans son ancien collectif de travail avec une position différente s'est bien passée car elle a été précédée d'entretiens d'explicitation entre le médecin du travail et la nouvelle responsable hiérarchique, puis entre la chef de service et ses collègues. Des mots ont été posés pour comprendre, reconnaître et réduire la situation de handicap.

Diversifier les propositions de reclassements pour redonner la main à l'agent…

Madame Érable a pleinement bénéficié de la nouvelle organisation de la DRH pour son reclassement. Elle a, en premier lieu, pris l'initiative de contacter la personne responsable du pôle formation du service développement des compétences qui a activé la cellule de maintien dans l'emploi. La saisine de la cellule de maintien dans l'emploi a permis d'identifier plusieurs postes compatibles avec les capacités de madame Érable.

Plusieurs propositions lui ont été faites, charge à elle de postuler formellement à une ou plusieurs d'entre elles. Ensuite plusieurs périodes d'immersion d'une quinzaine de jours sur le ou les postes concernés sont organisées par le service développement des compétences. Cette démarche vise à impliquer l'agent dans le processus de reclassement, à le rendre actif à toutes les étapes.

Ainsi, madame Érable, après une période d'immersion de 15 jours, a intégré une première crèche, puis une seconde depuis mars 2012 au poste de lingère et d'entretien des locaux. La crèche compte 75 enfants et 25 agents. Ses fonctions comportent le chargement et le déchargement des machines à laver et des sèche-linge, ainsi que la gestion des commandes de produits et des tâches ménagères.

Au titre du suivi de son reclassement un aménagement de poste est à l'étude. Il porte sur du matériel de ménage et des chariots de transport du linge plus adaptés.

Travailler le lien entre emploi et conditions de travail pour éviter l'échec…

Suite au premier échec du reclassement de *madame Chêne,* son retour à l'emploi s'est opéré méthodiquement en commençant par un bilan de compétences en octobre 2013, puis des immersions dans divers services de la ville et des autres collectivités, principalement en cuisine, mais qui n'ont pas donné satisfaction.

Enfin, le Sameth a été mobilisé pour effectuer une étude de poste sur les fonctions de lingère dans une crèche en juillet 2014. Ne pouvant continuer dans cet établissement pour des raisons de sureffectif, elle a été mutée dans la même crèche que celle de madame Érable pour y travailler en binôme avec elle. Sa prise de fonction a eu lieu le 13 décembre 2014. Ses tâches actuelles consistent à plier le linge, nettoyer les jouets et faire le ménage des salles.

Un processus de pré-intégration a été mis en œuvre *en quatre points :*

1. la directrice a été informée par la DRH de l'arrivée de madame Chêne suffisamment tôt pour s'y préparer ;
2. elle en a parlé avec l'équipe de travail pour y réfléchir et donner l'information nécessaire ;
3. elle a pu préparer la personne qui va travailler directement avec elle ;
4. elle bénéficie de l'appui du pôle « Conditions de travail ».

Le principe central de l'accompagnement est ainsi bien intégré par la Directrice : *« Pour faire évoluer le contenu de ses tâches sans mettre en échec la personne handicapée ni me mettre en échec, j'avance à côté d'elle et pas en avant d'elle ! ».*

Caractérisation des situations de handicap, facilitateurs et obstacles

Dans les quatre cas présentés les situations de handicap ont évolué vers l'inaptitude déclarée.

Elles n'ont pas été détectées suffisamment tôt pour prévenir la désinsertion professionnelle.

La collectivité a dû faire face aux effets du vieillissement de ses agents dont la plupart occupent des emplois à forte charge physique. La prise de conscience et la réaction des élus et des opérationnels pour adopter une politique d'accompagnement des personnels, en situation d'empêchement professionnel du fait de leur santé ou état physique, constitue un traitement curatif qu'il était urgent de mettre en œuvre au regard de l'inflation des inaptitudes.

La convention avec le FIPHFP va conforter cette orientation et permettre de faire évoluer les représentations en considérant le handicap d'une autre manière, *« en le faisant passer de l'exception à la norme, à l'habitude. Du ce n'est pas possible à c'est une évidence, d'une culture de l'indifférence ou de l'obligation à une culture de l'accompagnement et de l'intégration. »*[32]

---

32. Extrait du préambule du projet de convention entre la ville et le FIPHFP, présenté au CHSCT du 17 novembre 2014.

Cependant, la dimension proactive de cette politique voudrait que l'accompagnement des agents puisse se concrétiser avant que les situations de handicap ne conduisent à l'inaptitude. Ce sera, sans doute, l'ambition préventive de la deuxième convention avec le FIPHFP.

L'opérationnalité grandissante de la cellule de maintien dans l'emploi et l'information de l'ensemble des personnels, prévue dans la première convention, en constituent certainement les prémices.

Dans le registre des obstacles on retrouve dans les situations évoquées :

- l'absence d'information et de sensibilisation des agents à la connaissance des impacts physique et psychologique des situations de handicap ;
- l'absence de sensibilisation, de formation et d'accompagnement des responsables de proximité ;
- l'absence de préparation de la reprise d'activité auprès des collectifs de travail.

À travers l'évocation de ces quatre exemples on perçoit nettement l'évolution des pratiques d'accompagnement liée à la mise en place de la nouvelle politique. Les deux derniers cas reflètent la montée en charge et en compétences du dispositif d'accompagnement.

À cet égard les nouveaux effets facilitateurs qui ont été des facteurs de réussite sont :

- l'organisation des services de la DRH autour de la problématique de l'accompagnement des situations de handicap, notamment l'intégration des dimensions emploi, conditions de travail, santé au travail et insertion des personnes en situation de handicap ;
- la création et l'opérationnalité de la cellule maintien dans l'emploi dirigée par le DRH en personne ;
- la diversification des propositions de reclassement et les possibilités d'immersions temporaires dans différents services ;
- l'étroite collaboration du service développement des compétences ;
- la disposition d'un médecin du travail interne à la collectivité totalement impliqué dans la gestion des situations de handicap ;
- l'instauration d'un dialogue préalable à l'affectation entre les services de la DRH et les responsables de service ;
- des acteurs de l'accompagnement : médecin, assistante sociale, conseillère en hygiène et sécurité, référente handicap et responsable d'accueil, qui ont su poser des mots pour la reconnaissance par les personnes en situation

de handicap et leurs collègues de la réalité du vécu et des contraintes desdites situations.

La collectivité a engagé un processus vertueux producteur de « bonnes pratiques » visant à donner la main à l'agent en difficulté pour qu'il puisse agir sur sa situation d'une part et, d'autre part, à constituer un territoire de santé, où doivent se concilier prévention, amélioration des conditions de travail et accompagnement.

Le collectif de travail, acteur principal de l'accompagnement

Description du contexte professionnel

La situation de handicap observée se situe dans une unité de recherche d'un grand établissement public à caractère scientifique et technologique qui comprend près de 34000 collaborateurs, répartis dans 1 100 unités de recherche et de service, établies sur l'ensemble du territoire national.

C'est au sein des unités de recherche, ou laboratoires, que sont remplies les principales missions de l'établissement. Ces unités, en général constituées d'équipes de recherche, forment la structure de base de l'établissement. C'est au sein des laboratoires que s'accomplissent les missions :

- développement et production des connaissances dans l'ensemble des champs disciplinaires ;
- valorisation des résultats de la recherche ;
- formation par et pour la recherche ;
- diffusion de l'information scientifique et technique.

Le personnel des laboratoires regroupe des équipes de chercheurs, d'ingénieurs, de techniciens, d'administratifs et d'enseignants-chercheurs. Par ailleurs, les laboratoires accueillent des étudiants de tous les niveaux, de la licence au doctorat.

S'agissant de son activité scientifique, le laboratoire est rattaché à l'un des dix instituts thématiques de recherche de l'établissement et à une délégation régionale pour les fonctions supports et administratives.

L'établissement a adopté un second plan d'action, 2011-2014, pour l'emploi et l'insertion des personnes handicapées en application du protocole d'accord signé avec l'ensemble des organisations syndicales en juin 2007 et renouvelé en 2011. Ce dernier prévoit d'atteindre progressivement le taux légal d'emploi de 6 %. En 2013 le taux s'élevait à 3,67 %. Le plan d'action s'applique aux personnels BOE possédant la RQTH et aux agents inaptes reclassés.

Le pilotage du plan d'action relève de la responsabilité de la DRH. Dans la pratique, cette responsabilité est déléguée à la responsable de la Mission insertion handicap (MIH) qui accompagne les délégations régionales et les instituts dans la mise en œuvre des actions. La MIH a aussi un rôle de conseil et d'alerte auprès des acteurs sociaux et des équipes RH qui rencontrent les agents au quotidien, ainsi qu'un rôle d'expertise auprès de la DRH.

En janvier 2014, l'établissement a signé une seconde convention triennale avec le FIPHFP pour accompagner sa politique. Elle prévoit notamment de :

- poursuivre un recrutement diversifié de chercheurs et de personnels ingénieurs et techniciens ;

- mieux identifier et mieux accompagner les agents en situation de handicap déjà en poste ;
- s'appuyer davantage sur le personnel d'encadrement intermédiaire et les directions d'unité.

Ce sont la Commission nationale de suivi du plan d'insertion des personnes handicapées (CNSPH) et la Commission paritaire nationale d'action sociale (CNAS) qui sont chargées de suivre la convention avec le FIPHFP.

Le laboratoire où existe la situation observée comprend deux départements qui comptent 110 personnels permanents et 50 à 60 doctorants ou post-doctorants selon les périodes. Il est composé de deux grandes catégories de personnel : les ingénieurs, techniciens et administratifs (ITA) qui travaillent directement en soutien de la recherche d'une part et, d'autre part, les chercheurs et enseignants-chercheurs.

Historique et description de la situation observée

Madame Arole, 44 ans, est entrée dans l'établissement en 1994 avec le statut de contractuelle, dans la fonction d'ingénieur d'étude. Elle passe une thèse et un premier concours de titularisation en 1999, puis un concours externe pour devenir chargée de recherche en 2002. Enfin elle réussit le concours de Directeur de recherche.

Ses activités sont nombreuses et variées. En complément de son activité de recherche, son poste nécessite de :

- gérer des contrats de recherche ;
- rechercher les financements ;
- former des étudiants ;
- encadrer les chercheurs et autres personnels ;
- siéger dans divers comités (recrutement, éditoriaux…) ;
- participer à des colloques nationaux et internationaux ;
- publier des travaux de recherche.

C'est en 1996, au terme de trois années d'investigations médicales que le diagnostic d'une maladie rare neuromusculaire, affectant madame Arole, est posé : la myasthénie auto-immune[33].

33. La myasthénie auto-immune est une maladie due à une mauvaise transmission de l'influx nerveux au niveau de la jonction du nerf avec le muscle. Elle est caractérisée par une faiblesse musculaire, qui a la particularité d'augmenter à l'effort ou à la répétition du mouvement et de diminuer après une période de repos. Elle peut se manifester par une vision double, une chute de la paupière asymétrique, une difficulté à fermer les yeux, une fatigue pour mastiquer les aliments, une difficulté pour fermer la bouche, une tendance à avaler de travers, une voix nasonnée, une gêne pour attraper des objets en hauteur ou pour rester longtemps debout… La diversité des manifestations de la myasthénie auto-immune et leur variabilité font que souvent le diagnostic tarde à être fait, privant les personnes qui en sont atteintes d'une prise en charge efficace.
La maladie fluctue dans le temps, évoluant par poussées entrecoupées de rémissions plus ou moins totales. Les traitements doivent donc être adaptés régulièrement à ces fluctuations.

Les conséquences fonctionnelles de cette maladie se traduisent par une très grande fatigabilité qui nécessite des périodes de repos régulières, la prise temporelle extrêmement rigoureuse d'un traitement, la perte temporaire de la parole, de l'accommodation visuelle, de la motricité des membres. Ces conséquences sont aléatoires et imprévisibles. Elles peuvent évoluer rapidement dans un sens ou dans l'autre. Ainsi, madame Arole peut se mouvoir en marchant, en fauteuil roulant manuel ou électrique selon les périodes.

Se posent alors comme composantes essentielles de la situation de handicap la gestion du temps de travail et celle des déplacements nécessitant l'usage du train ou de l'avion.

Après un arrêt de travail de six mois en 1999, la reprise à temps partiel et le télétravail se sont avérés assez complexes à mettre en œuvre au plan administratif. En effet, en application des dispositions négociées par les partenaires sociaux, les jours hors de l'établissement doivent être fixes dans le contrat de télétravail[34]. Or, cette disposition est difficilement compatible avec la variabilité des contraintes imposées à madame Arole par sa maladie. Une forme souple et adaptative de télétravail constitue l'aménagement le plus efficace

34. Cette disposition semble plus adaptée à la population des ITA (ingénieurs, techniciens et administratifs) qui représente près de 55 % du personnel de l'établissement.

pour prendre en compte l'instabilité des manifestations fonctionnelles qu'elle subit.

Nature et résultats de la prestation d'accompagnement

S'agissant de l'usage du train et de l'avion, madame Arole voyage le plus souvent avec des collègues qui lui apportent l'assistance dont elle peut avoir besoin au moment du déplacement.

Quant au télétravail, la direction du laboratoire s'est employée à ce que madame Arole puisse bénéficier de modalités adaptées à sa situation.

Pour Madame Arole, l'essentiel de l'accompagnement a été principalement le fait de la direction et de ses collègues du laboratoire : « *Il y a un vrai collectif de travail dans ce laboratoire. Il y a une grande solidarité, une vie collective que l'on rencontre peu ailleurs. Les agents se connaissent. C'est un état d'esprit impulsé par la direction. Si quelqu'un a de gros soucis à un moment donné, il sait qu'il n'est pas tout seul et qu'il aura du répondant ici ! La recherche est un milieu ultra compétitif dans lequel on ne peut donner de bons résultats que si on est bon dans le travail collectif.* »

Caractérisation de la situation de handicap, facilitateurs et obstacles

La situation de handicap dans le monde du travail est définie comme une réduction de la réalisation des activités, résultant de l'interaction entre les facteurs personnels (déficience, incapacité et autres caractéristiques personnelles) et les facteurs environnementaux (les facilitateurs et les obstacles).

Dans le cas présent, l'interaction entre l'instabilité des incapacités temporaires et la rigidité du cadre organisationnel général constitue le cœur de la situation de handicap.

Parmi les facilitateurs on relève la culture et le haut niveau de solidarité du collectif de travail, ainsi que les aménagements organisationnels consentis au niveau du laboratoire par la direction pour faciliter la vie quotidienne de madame Arole.

En cela, dans ce laboratoire, l'objectif d'accompagnement du plan d'action semble atteint. En effet l'accompagnement y est défini de la façon suivante :

« *L'accompagnement fait appel à un ensemble d'actions permettant aux agents handicapés d'exercer d'une manière durable une activité professionnelle, adaptée à l'état de santé, et dont la mise en place s'appuie sur l'entourage professionnel et l'encadrement de proximité.*

Lorsque le besoin en aide dépasse le cadre du laboratoire, l'accompagnement relève de pratiques de gestion RH et d'un dispositif de soutien coordonné en lien le plus souvent avec les médecins de prévention et les assistants des services sociaux. Il s'agit d'un axe essentiel du plan handicap destiné à favoriser l'intégration des agents handicapés ou devenus handicapés dans l'établissement. » [35]

De surcroît, « *le plan handicap confère à chaque agent une responsabilité et un devoir d'agir en faveur de tous ceux qui travaillent dans l'établissement et qui sont en situation de handicap. Cette ambition ne peut se réaliser sans l'implication du personnel d'encadrement. Pour donner les moyens d'atteindre ces objectifs, l'établissement met en place des formations sur la thématique du handicap qui leur sont spécialement destinées. Ces sensibilisations améliorent la perception du handicap parmi les personnels, ainsi que la prise en compte des spécificités du handicap dans les organisations de travail, notamment chez les encadrants. Au moment du recrutement, elles apportent une base de connaissances aux membres des commissions de sélection sur les aspects de recrutement et de techniques d'entretien. Au moment de l'insertion, elle permet le champ de vision et offre aux encadrants un panel d'outils pour mieux prendre en compte les conséquences qui peuvent être liées à un handicap dans la vie du laboratoire au quotidien.* »[36]

35. Extrait du rapport social 2013.

36. *Ibid.*

Malgré cela, la direction du laboratoire et l'assistante de prévention estiment qu'il n'est pas facile de trouver les interlocuteurs appropriés pour les aider à gérer les situations de handicap et qu'elles ne sont pas formées pour faire face aux besoins d'adaptations spécifiques à chaque type de déficience.

Dans une organisation aussi éclatée, comptant pas moins de 1 100 sites distincts, on comprend aisément que l'option du *« Do it yourself »*[37] du premier niveau d'accompagnement, basée sur la sensibilisation, la responsabilisation et la solidarité de l'entourage professionnel et de l'encadrement, puisse constituer un niveau de réponse opportun.

Mobiliser efficacement 1 100 collectifs de travail est une tâche de longue haleine qui nécessitera plusieurs années car elle touche à l'intime des représentations de chacun des agents.

L'intention de rendre l'ensemble des collectifs de travail acteurs principaux de l'accompagnement est ambitieuse. Elle mérite d'être servie par le développement d'une recherche spécifique et par une véritable stratégie innovante.

37. Du « faire soi-même ».

Chapitre 3

Promouvoir des dispositions positives généralistes et efficaces

Les quatre monographies présentées dans le chapitre précédent mettent en scène *11 situations* de handicap très différentes. Elles montrent à quel point la réalité s'écarte des représentations communes du handicap, principalement concentrées sur la personne en fauteuil roulant ou non voyante nécessitant des aménagements lourds. Elles soulignent l'enjeu d'une communication informative adaptée en direction de l'ensemble des agents.

La solution de la grande majorité des cas exposés s'inscrit dans le curatif. C'est-à-dire que la détection de la situation de handicap ne s'est pas produite avant que n'advienne l'empêchement professionnel des agents concernés. Or, la détection précoce des situations de handicap qui apparaissent en cours de vie professionnelle constitue un objectif majeur de gestion prévisionnelle des ressources humaines. C'est un enjeu fort de prévention de la désinsertion professionnelle dans un contexte d'allongement significatif de la durée des carrières d'une part et, d'autre part, de travail de plus en plus tendu que connaît la fonction publique, appelée à plus de productivité avec des effectifs moindres.

Les pratiques de résolution des situations de handicap peuvent différer selon les contextes. Il est proposé ci-après un ensemble de dispositions positives, généralistes et efficaces pour nourrir l'action de celles et ceux qui sont en charge de traiter les situations de handicap.

Afin de permettre à tous les agents : décideurs, professionnels des RH, de la santé au travail, des services sociaux, de prévention et des conditions de travail, aux responsables de proximité et aux collectifs de travail de promouvoir un accompagnement de qualité de leurs collègues en situation de handicap, il est proposé une classification des dispositions positives recensées selon la matrice suivante.

	La situation de handicap est avérée	Traitement de la situation de handicap	Le nouveau contexte d'activité
Dispositions institutionnelles			
Dispositions organisationnelles	**Permettre aux agents d'être acteurs vis-à-vis de leur situation de handicap.**		
Dispositions de l'entourage professionnel			

Comme évoqué dans la méthode introductive, *trois périodes clés* sont distinguées au regard de leur importance dans les histoires de vie relatées au travers des monographies :

- la situation de handicap est avérée (une réduction majeure de capacité est constatée, voire l'inaptitude prononcée) ;
- le traitement de la situation de handicap (le temps consacré à la recherche de la solution conduisant à la reprise ou à l'aménagement de l'activité) ;
- le nouveau contexte d'activité (situation de travail aménagée ou nouvelle affectation à un emploi différent).

Les dispositions positives sont regroupées en *trois catégories* directement dépendantes de la culture, des valeurs et des orientations des femmes et des hommes agissant dans l'organisation de l'entreprise publique, et qui relèvent de dispositions prises aux niveaux :

- institutionnel (politiques d'emploi en direction des personnels en situation de handicap ; plans d'actions ; projet social d'établissement ; partenariat conventionnel avec le FIPHFP, les opérateurs spécialisés…) ;
- organisationnel (recherche et mise en place de solutions dans l'organisation permettant d'accroître l'efficacité et la qualité de l'accompagnement) ;

- de l'entourage professionnel (comportements, postures, attitudes de l'encadrement, des collectifs de travail et des professionnels internes de l'accompagnement).

Chaque disposition est cotée en fonction de son degré d'impact sur la qualité de l'accompagnement pour les trois périodes concernées :

- faible : ★
- moyen : ★ ★
- fort : ★ ★ ★

Les politiques d'emploi, plans d'actions, projets sociaux d'établissement pour l'emploi des personnes en situation de handicap ou plus largement les politiques de diversité inclusives peuvent constituer de puissants leviers dès lors que :

- l'engagement et l'implication de la direction de l'entreprise et de tous les acteurs clés[38] est formalisée et effective ;
- l'information des instances représentatives du personnel et la consultation des organisations syndicales est approfondie et régulière.

Déployer des actions de communication et de sensibilisation de l'ensemble des personnels

Ces actions qui utilisent différents supports ; témoignages, conférences-débats, vidéos thématiques, réunions de *« brainstorming »*, expositions, mises en situation de handicap ludiques, théâtre d'entreprise, etc. constituent un premier niveau pour agir sur les stéréotypes[39] à propos des personnes en situation de

38. DRH, instances représentatives du personnel, responsables, service achats, communication, services de santé au travail*...

39. Un stéréotype est un ensemble de croyances individuelles relatives aux caractéristiques ou attributs d'un groupe. Le stéréotype est naturel, positif ou négatif, pas nécessairement faux et peut être personnel et/ou partagé. Exemples : *Les personnes en situation de handicap sont plus motivées car « elles en ont vu d'autres » ; les personnes en situation de handicap ne sont pas compétentes et sont très souvent absentes.* Plus le stéréotype est négatif plus il alimente la discrimination.

handicap en général et sur les représentations de leur situation dans le monde du travail. Ce type d'action peut également contribuer à élargir la représentation des personnels sur la grande diversité des réalités auxquelles sont confrontées les personnes en situation de handicap dans le monde du travail, en particulier au niveau de leurs facteurs personnels[40]. Plus les responsables perçoivent l'engagement de leur entreprise en faveur de la diversité, plus ils ont une image positive du handicap et des personnes en situation de handicap[41]. L'efficacité des actions de communication est optimale si elles touchent effectivement l'ensemble du personnel et si elles sont régulièrement réitérées.

	La situation de handicap est avérée	Traitement de la situation de handicap	Le nouveau contexte d'activité
Communication Sensibilisation	★	★	★

40. Multiplicité des formes de handicaps, maladies, déficiences, lésions, leurs séquelles et leurs conséquences fonctionnelles.

41. IMS-Entreprendre pour la Cité, *Les stéréotypes sur les personnes handicapées : comprendre et agir dans l'entreprise*, Guide pratique, avril 2011.

Mettre en place un réseau d'acteurs et de personnes-ressources en interne œuvrant sur les situations de handicap, rendre visible ce réseau

Mettre en place une mission handicap, des référents ou des correspondants dans les unités opérationnelles ; identifier et rendre opérationnel un fonctionnement en réseau des acteurs sociaux et médicaux sur le sujet. Porter ces ressources à la connaissance de tous permet aux personnes en situation de handicap, à leurs responsables directs, de ne pas être seuls et sans solution face à une situation de handicap qui se révèle.

Cela permet également aux instances représentatives du personnel de disposer de leviers pour remplir leur mission de veille et de proposition en matière de protection de la santé, de la sécurité des agents et d'amélioration de leurs conditions de travail. C'est une condition de base pour élaborer des processus de réduction des situations de handicap ou de retour à l'emploi réactifs et efficaces.

	La situation de handicap est avérée	Traitement de la situation de handicap	Le nouveau contexte d'activité
Mise en place d'un réseau ressource	★ ★	★ ★ ★	★

Organiser des actions de contacts entre les agents et les personnes en situation de handicap

Que ce soit par l'entremise de stages, de l'accueil dans l'établissement de travailleurs en situation de handicap en sous-traitance du secteur adapté et protégé* ou encore en participant à des opérations de simulations d'entretiens d'embauche par les cadres, plus les responsables ont de contacts professionnels avec des personnes en situation de handicap, plus l'image du handicap et des personnes en situation de handicap devient positive à leurs yeux.

« *Plus la fréquence des contacts professionnels augmente et plus la représentation sociale du handicap devient significativement positive. Concernant le stéréotype envers les personnes handicapées, les résultats vont dans le même sens. Les responsables qui côtoient des personnes handicapées, qu'elles évoluent dans leur équipe ou non, ont un stéréotype plus positif. La banalisation du handicap dans l'entreprise, ainsi que la visibilité des personnes handicapées constituent donc des facteurs clés de succès de la démarche handicap.* »[42]

	La situation de handicap est avérée	Traitement de la situation de handicap	Le nouveau contexte d'activité
Organiser des actions de contacts	★ ★		★ ★ ★

42. IMS-Entreprendre pour la Cité, *op. cit.* (note 41).

Former les principaux acteurs de l'accompagnement à la détection précoce, à la connaissance et au traitement des situations de handicap

Les principaux acteurs de l'accompagnement sont les responsables de proximité, les services RH et de santé au travail.

Permettre à tout l'encadrement de proximité :

- de détecter les signaux faibles précurseurs de situations de handicap avérées ; de réagir de façon appropriée lorsque la situation se déclare ;
- d'accroître leur connaissance de la diversité[43], de la temporalité et de la variabilité des handicaps ;
- de positiver leur représentation et leurs stéréotypes sur les personnes en situation de handicap au travail, par des apports formatifs pragmatiques et illustrés d'exemples ; de favoriser un questionnement et des attitudes adaptées à un premier niveau d'accompagnement de qualité.

Plus les services RH sont formés à la détection des situations de handicap, à leur traitement par une mobilisation efficace des ressources internes et externes, plus l'accompagnement gagnera en qualité d'intervention auprès des personnels concernés

43. Dans 80 % des cas le handicap est invisible.

et en réactivité, ce qui aura un impact fort sur les délais de traitement des situations de handicap.

S'agissant du rôle des services de santé au travail, que ce soit au niveau de la prévention ou du constat de l'inaptitude ou de la recherche de solution de reclassement, il est capital qu'ils puissent jouer un rôle central dans l'accompagnement des personnels concernés et l'élaboration du processus de retour à l'emploi. À cette fin, leur capacité à appréhender l'ensemble des composantes personnelles et environnementales de la situation de handicap, ainsi que la palette des moyens et ressources mobilisables, peut être grandement amplifiée par des sessions de formation appropriées.

	La situation de handicap est avérée	Traitement de la situation de handicap	Le nouveau contexte d'activité
Former les principaux acteurs de l'accompagnement	★ ★ ★	★ ★ ★	★ ★ ★

Intégrer systématiquement la question de la gestion des situations de handicap dans tous les axes de la politique des ressources humaines

Que ce soit en termes de prévention des risques professionnels, d'amélioration des conditions de travail, de formation, de mobilité, d'évaluation, d'accompagnement de projets d'évolutions des organisations… les politiques et plans d'actions déployés par les directions des ressources humaines qui intègrent systématiquement la dimension des collaborateurs en situation de handicap constituent non seulement un élément de cohérence mais aussi de facilitation de l'accompagnement lorsque celui-ci s'avère nécessaire. En effet, une politique handicap intégrée permet une meilleure identification de la diversité des solutions de maintien et de retour à l'emploi possibles dans l'organisation.

	La situation de handicap est avérée	Traitement de la situation de handicap	Le nouveau contexte d'activité
Intégrer la politique d'emploi des personnes en situation de handicap		★ ★ ★	

Développer le partenariat conventionnel

Le conventionnement avec le FIPHFP intervient en général lorsqu'une stratégie a été actée par les instances dirigeantes. Au regard des besoins d'accompagnement des agents en situation de handicap il permet d'ouvrir des solutions à la fois en interne *via* le financement des missions ou des référents handicaps qui assurent une mise en cohérence et un suivi des actions et en externe en permettant l'accès à des prestations d'accompagnement spécifiques par type de déficience*.

La signature de conventions de partenariat avec les opérateurs locaux d'insertion et de maintien dans l'emploi : Cap emploi, Sameth, mais également avec certains prestataires spécialisés, renforce l'outillage nécessaire à l'accompagnement. Ils peuvent constituer un réseau ressources permettant aux services RH de proposer aux acteurs internes des appuis précieux susceptibles de réduire significativement le temps des procédures de maintien ou de retour à l'emploi.

	La situation de handicap est avérée	Traitement de la situation de handicap	Le nouveau contexte d'activité
Développer le partenariat conventionnel	★	★ ★ ★	★

→ ·

Les dispositions organisationnelles

2

Sont rassemblées dans ce chapitre les modalités prises en matière d'organisation qui ont montré leur efficacité pour amplifier quantitativement et qualitativement le maintien et le retour à l'emploi. Ce sont également des dispositions qui permettent aux agents en situation de handicap de prendre ou de reprendre la main sur l'évolution de leur situation professionnelle.

Instaurer des commissions de maintien dans l'emploi

On l'a vu clairement dans les monographies relatives aux fonctions publiques hospitalière et territoriale, l'instauration d'une commission de maintien dans l'emploi qui regroupe *a minima* :

- le Directeur des ressources humaines qui la dirige ;
- un représentant du service formation/développement des compétences ;
- le référent des personnes en situation de handicap ;
- le médecin de prévention ;
- le conseiller en prévention et ou le responsable du service conditions de travail ;
- l'assistante sociale ;

- l'ensemble des responsables opérationnels des pôles d'activité ;

constitue une valeur ajoutée indéniable pour accélérer le processus de maintien au poste ou de retour à l'emploi. Elle contribue à construire une connaissance collective sur l'appréhension des situations de handicap. Elle permet de recenser et de planifier les actions à mettre en œuvre de façon consensuelle, d'élaborer et de suivre des processus d'accompagnement.

La commission de maintien dans l'emploi ne remplit pleinement sa fonction d'élaboration de solutions et de facilitation de l'accompagnement que si elle se réunit régulièrement et qu'elle est pilotée par le DRH *personae intuitu* de préférence, ou par un cadre décisionnaire dans l'organisation des RH.

	La situation de handicap est avérée	Traitement de la situation de handicap	Le nouveau contexte d'activité
Instaurer des commissions de maintien dans l'emploi	★★	★ ★ ★	★

Concevoir l'organisation évolutive des unités de travail

Plusieurs maintiens ou retours à l'emploi ont été rendus possibles grâce à la réflexion organisationnelle menée par les chefs de service concernés par ces maintiens ou reclassements, que ce soit :

- par une réflexion anticipative lorsqu'un service déménage, s'agrandit, se réorganise ou se restructure en projetant des postes qui présentent un haut degré d'accessibilité pour les agents en situation de handicap ;
- pour répondre à une meilleure optimisation des moyens humains en créant de nouveaux emplois (cf. CHU) ;
- pour satisfaire un besoin de montée en qualification de l'ensemble des agents du service pour répondre à l'évolution des tâches (cf. CHU).

La réflexion organisationnelle permet le plus haut degré de qualité d'accompagnement quand elle est pensée dans la perspective « gagnant pour tous ». C'est-à-dire quand le maintien ou le retour à l'emploi apporte une valeur ajoutée à l'ensemble du collectif de travail.

Pour que les responsables agissent dans ce sens, il est nécessaire, *a minima*, que les valeurs de l'entreprise soient affichées clairement et qu'eux-mêmes les partagent. L'ensemble doit faire sens, en particulier la politique handicap doit être en phase avec les valeurs qui sous-tendent les relations humaines et l'activité.

	La situation de handicap est avérée	Traitement de la situation de handicap	Le nouveau contexte d'activité
Concevoir l'organisation évolutive	★ ★ ★		★ ★ ★

Créer des possibilités d'immersions temporaires

Disposer de postes d'immersions temporaires permet aux agents qui ont été déclarés inaptes de se reconstruire professionnellement en pouvant se projeter dans des activités nouvelles, de découvrir de nouveaux environnements de travail. C'est une opportunité de première importance pour les remettre en position d'acteur, en situation d'émettre des choix en toute connaissance de cause. C'est également, pour les professionnels qui les accompagnent, la faculté d'observer en situation réelle les contraintes à traiter, de définir l'accompagnement à mettre en œuvre et les compléments de formation à apporter.

Le fait d'instituer une procédure qui prévoit que les agents doivent postuler sur l'un ou plusieurs de ces postes d'immersion, qui leur auront été préalablement présentés, renforce leur responsabilité dans le traitement de la situation de handicap.

Lorsque ces périodes d'immersion s'opèrent sur des postes créés en sureffectif, cela peut paraître incongru tant la maîtrise des frais de personnel devient la préoccupation principale des budgétaires. Cependant l'exemple de la collectivité territoriale confrontée à une multitude d'inaptitudes à traiter montre que ce choix, lorsqu'il reste dans l'enveloppe globale des frais de personnel n'est pas incompatible avec l'objectif de maîtrise des coûts de fonctionnement.

	La situation de handicap est avérée	Traitement de la situation de handicap	Le nouveau contexte d'activité
Créer des possibilités d'immersions temporaires		★ ★ ★	

Organiser la complémentarité prévention/conditions de travail/traitement des situations de handicap

La prévention des risques professionnels a vocation à limiter l'apparition des situations de handicap. L'amélioration des conditions de travail, en recherchant la réduction des contraintes physiques, mentales et psychiques vise également à les limiter et à en retarder l'émergence. Les actions entreprises au bénéfice des agents en situation de handicap pour en supprimer ou en atténuer les effets indésirables s'avèrent le plus souvent bénéfiques à l'ensemble du collectif de travail.

Il y a un effet potentialisateur sur la santé au travail et l'accompagnement de situations de handicap lorsque l'organisation permet la mise en synergie des compétences relatives à ces trois fonctions. Elle permet à l'entreprise d'optimiser son rôle en matière de prévention de la santé de ses collaborateurs.

C'est, en tout cas, ce que tendent à confirmer les exemples du CHU et de la collectivité territoriale.

	La situation de handicap est avérée	Traitement de la situation de handicap	Le nouveau contexte d'activité
Organiser la complémentarité prévention/conditions de travail/traitement des situations de handicap	★	★ ★ ★	★ ★

Préparer le retour à l'emploi avec le responsable et le collectif de travail

Concevoir dans le processus d'accompagnement celui des responsables de proximité et des collègues qui interagissent avec le poste de retour à l'emploi constitue un élément déterminant de la réussite de l'intégration. À cet égard, l'information suffisamment en amont du responsable, des échanges préalables avec les professionnels spécialisés en interne et un entretien avec l'agent en reclassement, avant sa prise de fonction, s'avèrent des mesures simples mais réellement efficaces pour sécuriser la reprise de travail et permettre au responsable de préparer son équipe.

Le contrat d'engagement réciproque tripartite qui prend la forme d'une contractualisation morale entre le cadre du service d'accueil, l'agent en situation de handicap et la DRH pour définir les modalités soit, d'une période d'évaluation dans un nouveau poste, soit d'une montée en charge progressive, permet de rendre actifs tant l'engagement du cadre que celui de l'agent. L'information des collègues de travail, préalablement à la reprise d'emploi de l'agent concerné, est un facteur clé majeur de réussite, en particulier dans les situations de handicaps invisibles.

	La situation de handicap est avérée	Traitement de la situation de handicap	Le nouveau contexte d'activité
Préparer le retour à l'emploi avec le responsable et l'équipe			★ ★ ★

Instaurer des procédures de suivi de l'accompagnement postreprise d'emploi

L'équilibre de satisfaction, tant pour l'agent que pour son employeur, résultant d'une intervention de réduction d'une situation de handicap, n'est pas stable dans le temps. La maladie ou la déficience sont parfois évolutives, les symptômes, les conséquences fonctionnelles peuvent fluctuer. L'évolution de l'activité, des outils et de l'organisation est susceptible de constituer de nouveaux obstacles.

Par ailleurs, les salariés concernés ne s'expriment pas sur les difficultés qu'ils éprouvent à tenir leur poste (cf. *Le cercle vicieux du silence* p. 31), d'une part et, d'autre part, les enquêtes auprès des salariés dans l'emploi montrent que près de 50 % de ceux qui ont vu leur situation aménagée rencontrent malgré tout des difficultés à tenir leur poste.

L'accompagnement ne s'arrête donc pas lorsque le reclassement est jugé satisfaisant. Un accompagnement de qualité appelle un suivi régulier des conditions de l'insertion, en particulier lorsque les agents sont atteints de déficiences de nature psychique ou évolutive.

Les changements de technologie et d'organisation devraient idéalement pouvoir être accompagnés d'une revue préalable de leurs impacts sur les situations aménagées.

	La situation de handicap est avérée	Traitement de la situation de handicap	Le nouveau contexte d'activité
Instaurer des procédures de suivi post reprise d'emploi		★	★ ★ ★

Les dispositions de l'entourage professionnel

Ce chapitre traite des attitudes comportementales facilitatrices manifestées par les accompagnants. Il s'agit de dispositions positives qui concourent à optimiser les processus de traitement des situations de handicap et à rendre les agents concernés acteurs de leur avenir professionnel. Les trois dispositions suivantes sont étroitement interdépendantes.

Donner du temps à l'écoute pour maintenir le lien social

Nombre d'exemples relatés dans cette étude montrent combien « le monde s'écroule » autour des agents qui ont fait l'objet d'une inaptitude. Ce sont souvent des carrières qui se ferment, des passions auxquelles il faut renoncer, des environnements de travail qu'il faut quitter. Autant de situations qui, dans un premier temps, impliquent de faire le deuil de projets construits patiemment et avec opiniâtreté durant de nombreuses années.

Ensuite il faut emprunter le chemin de la reconstruction professionnelle : comment se projeter dans un nouveau métier ? Comment valoriser l'expérience antérieure ?

Or, tous les témoignages convergent. Il est capital pour faire ce travail de deuil et de reconstruction que le lien social avec l'institution, non seulement ne soit pas rompu pendant les arrêts de travail, mais que du temps d'accompagnement soit consacré à l'écoute, une écoute bienveillante car les personnes ont besoin d'exprimer leur détresse et leur souffrance. Désarroi qui, pour elles, doit être entendu et compris par l'institution. Quel que soit le représentant de ladite institution : responsable hiérarchique, assistante sociale, représentant du personnel, référent handicap, infirmier et médecin du travail... l'important c'est que ces temps d'écoute puissent être proposés à tous les agents qui sont amenés à vivre la sentence de l'inaptitude.

	La situation de handicap est avérée	Traitement de la situation de handicap	Le nouveau contexte d'activité
Donner du temps à l'écoute de la personne en situation de handicap	★ ★ ★		

Favoriser l'expression des personnes en situation de handicap

Comment traiter le paradoxe qui veut que les salariés en situation de handicap souhaitent à la fois être intégrés, traités de façon égale et, en même temps, voir leur différence prise en compte ? Surtout ne pas faire de différence mais tout de même tenir compte de la situation de handicap ? Comment prendre en compte ce qui n'est pas exprimé ? Ou ce qui s'exprime difficilement ?

Favoriser l'expression des personnes en situation de handicap signifie que l'institution est prête à prendre en compte cette parole et à la considérer comme une composante essentielle de l'accompagnement à construire. C'est l'acte fondateur d'une véritable relation d'accompagnement par lequel il est signifié à l'accompagné, à la fois, que sa responsabilité est engagée dans ce qui va suivre et que ses ressources propres sont importantes à mobiliser.

Pour réussir l'insertion ou le retour à l'emploi il est nécessaire que les agents puissent exprimer pleinement leur vécu de la situation de handicap, leur analyse et la façon dont ils entrevoient les évolutions souhaitables.

Souvent ils détiennent la solution adaptée les concernant.

L'accompagnement optimal est celui qui est capable de rendre possible cette expression. Les entretiens d'évaluation, les procédures de suivi régulier de l'insertion, les outils d'évaluation des conditions de travail, le service de santé au travail, le service social, les instances représentatives sont autant de supports possibles, dès lors que les interlocuteurs des agents concernés sont pleinement conscients de cet enjeu et capables de créer un dialogue en confiance. Cela suppose de pouvoir poser des mots sur les situations de handicap, de rompre le tabou du silence. Cette disposition est sans doute la plus difficile à réaliser.

Le corollaire de cette proposition réside dans la qualité du management de proximité. Promouvoir un « management bienveillant », basé sur la reconnaissance, l'équité, le respect, l'empathie et la communication est la meilleure clé pour créer un climat d'écoute et de confiance.

	La situation de handicap est avérée	Traitement de la situation de handicap	Le nouveau contexte d'activité
Favoriser l'expression des personnes en situation de handicap	★ ★ ★	★ ★ ★	★ ★ ★

Poser des mots sur les situations de handicap

Trop souvent le non-dit sur le handicap ou les situations de handicap est générateur d'incompréhension dans les collectifs de travail et entre les salariés concernés et leurs responsables. Dans certains cas l'absence d'explications, particulièrement pour les handicaps non visibles, peut conduire à la déstabilisation complète de tout le collectif de travail et à la marginalisation totale de la personne en situation de handicap, voire à l'aggravation de l'état de santé de la personne concernée (cf. monographies Fonctions publiques d'État et territoriale). Cela ne permet pas de prendre en compte les besoins complémentaires nécessaires aux agents concernés en matière d'aménagement des situations de travail. Cela ne permet pas non plus, dans de nombreux cas, de progresser comme il se devrait dans les carrières.

Le manque de connaissance sur le handicap génère de l'anxiété, notamment en ce qui concerne les handicaps invisibles pour lesquels les collègues de travail ne savent pas quelle attitude adopter. Ces situations peuvent être génératrices de peur, de stress et de rejet.

« L'invisibilité entraîne le doute quant à l'existence d'un handicap. Les collègues des salariés ayant ce handicap peuvent penser qu'ils abusent de leur situation pour être dispensés de certaines tâches de travail car ils ne comprennent pas l'aménagement qui leur est accordé, ce qui peut nuire à l'ambiance et la cohésion de l'équipe de travail.

De plus, lorsque le salarié a fait le choix de vivre son handicap de manière invisible, les effets sont plus complexes à gérer pour le salarié lui-même : peur d'être découvert, plus de pression, non-aménagement du poste, peur d'être rejeté, intériorisation de sa différence, sentiments de discrimination… »[44]

---

44. IMS-Entreprendre pour la Cité, *op. cit.* (note 41).

Il importe de choisir et de poser des mots qui permettent de comprendre ce qui se joue, d'accepter et de prendre en compte la différence. Cela passe par des explications qui donnent des repères pour permettre à chacun de se repositionner en « connaissance de causes et de conséquences » face aux situations de handicap.

Ces apports informatifs sont étroitement dépendants de la singularité de la situation de handicap. Ils sont différents d'une situation à l'autre. Ils peuvent être fournis par les médecins du travail ou par des experts extérieurs.

	La situation de handicap est avérée	Traitement de la situation de handicap	Le nouveau contexte d'activité
Poser des mots sur les situations de handicap	★ ★ ★		★ ★ ★

Tableau de synthèse des dispositions

		La situation de handicap est avérée	Traitement de la situation de handicap	Le nouveau contexte d'activité
Institutionnelles	Communiquer et sensibiliser	★	★	★
	Mettre en place un réseau ressource	★ ★	★ ★ ★	★
	Organiser des actions de contacts	★ ★		★ ★ ★
	Former les principaux acteurs de l'accompagnement	★ ★ ★	★ ★ ★	★ ★ ★
	Intégrer la politique d'emploi des personnes en situation de handicap		★ ★ ★	
	Développer le partenariat conventionnel	★	★ ★ ★	★
Organisationnelles	Instaurer des commissions de maintien dans l'emploi	★ ★	★ ★ ★	★
	Concevoir l'organisation évolutive	★ ★ ★		★ ★ ★
	Créer des possibilités d'immersions temporaires		★ ★ ★	

Organisationnelles	Organiser la complémentarité prévention/conditions de travail/traitement des situations de handicap	★	★ ★ ★	★ ★
	Préparer le retour à l'emploi avec le responsable et l'équipe			★ ★ ★
	Instaurer des procédures de suivi post reprise d'emploi			★ ★ ★
Entourage professionnel	Donner du temps à l'écoute de la personne en situation de handicap	★ ★ ★		
	Favoriser l'expression des personnes en situation de handicap	★ ★ ★	★ ★ ★	★ ★ ★
	Poser des mots sur les situations de handicap	★ ★ ★		★ ★ ★

Chaque disposition est cotée en fonction de son degré d'impact sur la qualité de l'accompagnement pour les trois périodes concernées : faible (★), moyen (★ ★), fort (★ ★ ★).

Conclusion

Est-on certain d'appréhender toutes les démarches qui concourent ou permettent aux agents en situation de handicap, au-delà des mesures ou dispositifs existants, d'être complètement intégrés à leur environnement professionnel ? Cette question, à l'origine de cet ouvrage, vise très directement les aspects immatériels des conditions d'exercice d'un emploi dans le temps.

Ce guide se propose de donner un cadre méthodologique à l'expérience d'une décennie d'expérimentations des employeurs pionniers de la fonction publique pour que d'autres puissent s'engager en trouvant, ici, un chemin balisé.

S'engager résolument dans une démarche active d'accompagnement intégrée dans la stratégie managériale produit un double bénéfice. En premier lieu et de façon pragmatique, la mise en place d'une démarche d'accompagnement organisée au niveau de l'entreprise est incontestablement un facteur d'amélioration du climat social. Au plan sociétal, le non traitement des situations de handicap génère des coûts sociaux considérables, que ce soit dans le régime de longue maladie ou dans celui de mise à la retraite pour invalidité. À cet égard une étude publiée en 2010[45] a montré que le passage d'une situation de non-emploi à une situation d'emploi pour une personne en situation de handicap représente en moyenne un gain annuel de l'ordre 10 000 € pour la collectivité, avec un salaire voisin du SMIC, compte tenu qu'elle devient contributrice socialement et fiscalement d'une part et, d'autre part, des différentes pensions ou allocations qui ne lui sont plus versées. La collectivité nationale a donc intérêt à ce qu'un maximum d'agents en situations de handicap puisse rester en activité grâce à une démarche d'accompagnement cohérente. La désinsertion professionnelle durable est à l'origine d'une spirale économique négative. L'inactivité d'une partie grandissante de la population active accroît les déficits des comptes sociaux qui pour retrouver l'équilibre renchérissent le coût du travail. Ce qui en période de crise économique conduit à la réduction des dotations budgétaires et des effectifs de la fonction publique.

Surtout, des raisons historiques et sociétales expliquent l'intérêt grandissant porté aux démarches d'accompagnement dans le milieu professionnel depuis une dizaine d'années. Face à la perte d'influence des intégrateurs traditionnels (école, famille, État, religion), la notion de « projet de vie » prend de plus en plus de sens. C'est celle de per-

45. KPMG, *La valeur ajoutée économique et sociale des Entreprises adaptées*, Étude, septembre 2010.

mettre à chacun de réunir les conditions et de participer à son propre processus d'intégration. Dès lors, dans l'esprit de la loi du 11 février 2005, la personne en situation de handicap est considérée dans ses potentialités et ses ressources et inscrite dans un contexte dynamique avec lequel elle interagit. L'investissement par les salariés en situation de handicap de leur propre parcours permet outre une hausse de leur performance, un moyen d'intégration sur lequel il faut parier.

Depuis l'entrée en application de la loi du 11 février 2005, les fonctions publiques se sont mobilisées, à partir du terrain, en expérimentant des modalités d'accompagnement de façon pragmatique. Le recensement et l'analyse de ces expérimentations a permis de dégager *15 dispositions positives* qui ont pour effet de **produire des solutions fiables** et de **restaurer le pouvoir d'agir** des agents sur leur avenir professionnel.

S'agissant des agents en situation de handicap, l'accès durable à l'emploi public dépend à la fois de la disponibilité et de la qualité des aménagements compensatoires[46] et des aspects immatériels de l'accessibilité, dont l'accompagnement représente le principal vecteur.

46. Accessibilité des accès, des locaux, des postes de travail, aménagements de l'organisation, aides techniques…

Dans le monde du travail, à l'image généralement duelle du concept d'accompagnement – un accompagné et un accompagnant qui cheminent ensemble vers un but – se substitue un schéma triangulaire qui structure des processus d'accompagnement. *Trois leviers* peuvent ainsi être activés et agir en interaction : les leviers *institutionnels*, *organisationnels* et *l'entourage professionnel*.

Chacun de ces leviers se décline en dispositions positives qui, combinées entre elles, forment des pratiques opérantes pour construire et décliner des processus d'accompagnement efficaces.

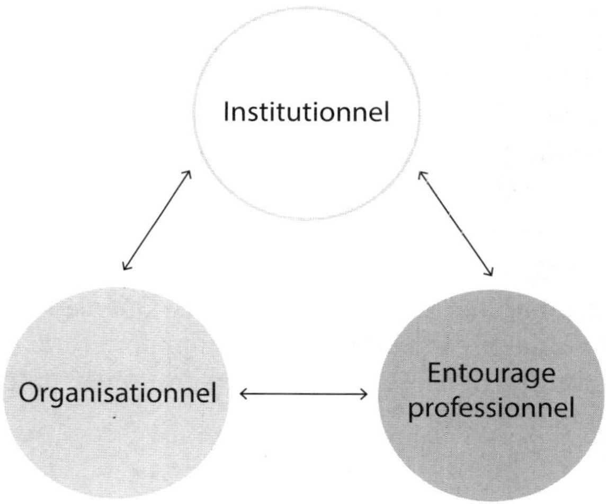

L'accompagnement des agents en situation de handicap au cours de leur vie professionnelle, Conseil scientifique du FIPHFP, Chronique sociale.

Ainsi, l'accompagnement dans le monde du travail des personnes en situations de handicap appelle de la part de l'employeur la mise en place d'un schéma opérationnel. Il demande également de veiller à réunir les conditions qui permettent aux personnes concernées de devenir actrices vis-à-vis des situations de handicap qu'elles éprouvent.

À cet égard, on ne soulignera jamais assez le rôle capital de la sensibilisation et de la formation de l'ensemble des cadres. C'est, en effet, une mesure qui a un impact maximal sur toute la chaîne de l'accompagnement[47].

Au terme de ce travail, notre conviction est que plus des politiques d'accompagnement des situations de handicap efficaces seront mises en place, plus l'enjeu de leur détection précoce sera perçu comme un objectif majeur de gestion prévisionnelle des ressources humaines et de prévention de la désinsertion professionnelle.

---

47. Cf. l'alinéa : « Former les principaux acteurs de l'accompagnement à la détection précoce, à la connaissance et au traitement des situations de handicap », p. 111.

Glossaire

Association pour l'insertion sociale et professionnelle des personnes handicapées (ADAPT) :
association loi 1901 reconnue d'utilité publique. L'ADAPT est présente dans toute la France à travers plus de 100 établissements et services d'accompagnement, de formation, d'insertion, de scolarisation et de soin. Elle agit également pour soutenir les personnes en situation de handicap dans leur recherche d'emploi, *via* son Réseau des Réussites.

Association de gestion du fonds pour l'insertion professionnelle des personnes handicapées (Agefiph) :
instituée par la loi du 10 juillet 1987 en faveur de l'emploi des personnes handicapées, l'Agefiph a pour objectif de favoriser l'accès et le maintien dans l'emploi des personnes en situation de handicap en milieu ordinaire de travail. Elle perçoit le versement de la contribution annuelle des entreprises privées employant au minimum 20 salariés et qui ne respectent pas l'obligation d'emploi de personnes en situation de handicap de 6 % prévue par le législateur. Depuis 2008, le FIPHFP et l'Agefiph ont conclu une convention de coopération, conformément aux dispositions de la loi du 11 février 2005.

Alternance :
l'alternance désigne un système de formation dual, dans lequel l'alternant, qui peut être élève, étudiant ou apprenti, se forme alternativement en entreprise

privée ou en administration publique et dans un établissement d'enseignement (lycée professionnel, centre de formation d'apprentis, université...). Au sein de l'entreprise d'accueil, l'alternant a un statut particulier, salarié ou stagiaire, et peut être indemnisé ou non. L'alternance présente un intérêt majeur pour une personne en situation de handicap, qui peut se construire un parcours vers l'emploi adapté à sa situation, ainsi qu'une entrée ou un retour progressif vers le milieu professionnel. Une formation en alternance peut donner lieu à la signature d'un contrat de professionnalisation ou d'apprentissage, possible pour les personnes en situation de handicap sans limite d'âge.

Associations porte-paroles du Comité d'entente des associations représentatives de personnes handicapées et de parents d'enfants handicapés :
le Comité d'entente est un regroupement informel de 70 associations nationales, constituant un réseau d'influence et un interlocuteur privilégié des pouvoirs publics. Ses porte-paroles sont :

- la Fédération des **A**ssociations **P**our **A**dultes et **J**eunes **H**andicapés (APAJH) ;
- l'**A**ssociation des **P**aralysés de **F**rance (APF) ;
- le **C**omité de **L**iaison et d'**A**ction des **P**arents d'**E**nfants et d'**A**dultes atteints de **H**andicaps **A**ssociés (CLAPEAHA) ;
- la **C**onfédération **F**rançaise pour la **P**romotion **S**ociale des **A**veugles et des **A**mblyopes (CFPSAA) ;
- la **F**édération **F**rançaise des **A**ssociations d'**I**nfirmes **M**oteurs **C**érébraux (FFAIMC) ;
- l'Association des Accidentés de la Vie (FNATH) ;

- le **G**roupement pour l'**I**nsertion des **P**ersonnes **H**andicapées **P**hysiques (GIHP National) ;
- l'**U**nion **N**ationale des **F**amilles et **A**mis de personnes malades et/ou handicapées psychiques (UNAFAM) ;
- l'**U**nion **N**ationale des **A**ssociations de **P**arents, de personnes handicapées mentales et de leurs amis (UNAPEI) ;
- l'**U**nion **N**ationale pour l'**I**nsertion **S**ociale du **D**éficient **A**uditif (UNISDA).

Bénéficiaires de l'obligation d'emploi (BOE) :
au titre de la loi du 11 février 2005, définis à l'article L.5212-13 du Code du travail. Sont considérées comme BOE les personnes listées à l'article L.323-5 du Code du travail.

Cap Emploi :
le réseau des Cap Emploi compte 102 organismes répartis sur le territoire et agissant à échelle départementale. Cofinancée par l'Agefiph, le FIPHFP et Pôle Emploi, la structure a pour vocation d'assurer un service de proximité pour aider les travailleurs en situation de handicap dans leur maintien et leur recherche d'emploi, et mobiliser les employeurs dans leurs actions de recrutement et d'intégration.

Commission des droits et de l'autonomie des personnes handicapées (CDAPH) :
créée par la loi du 11 février 2005. Dans le cadre de la mission de guichet unique dévolue aux MDPH, les CDAPH remplacent les Commissions techniques d'orientation et de reclassement professionnel (COTOREP) et les Commissions départementales d'éducation spéciale (CDES). Chaque CDAPH prend les

décisions relatives à l'ensemble des droits de la personne en situation de handicap, notamment en matière d'attribution de prestations et d'orientation, à la lumière de l'évaluation menée par l'équipe pluridisciplinaire des MDPH (élaboration du plan personnalisé de compensation du handicap).

CIH-2 :
Classification internationale des handicaps conçue par l'OMS, publiée en 1980 par Philip Wood et apparue pour la première fois en France en 1988. Elle se fonde sur une conception dynamique et évolutive des handicaps, selon trois niveaux d'expérience de santé : déficiences, incapacités, désavantages. Dès lors, le handicap correspond aux répercussions sur la vie sociale et professionnelle et non à la déficience d'origine. Depuis 2001, la CIH-2 également dénommée CIF (Classification internationale du fonctionnement du handicap et de la santé) s'est inscrite dans un contexte d'évolution profonde des représentations du handicap. Adoptée par 200 pays, elle s'intéresse davantage aux conséquences du handicap sur la santé. La CIH-2 fournit un instrument de mise en œuvre des mandats internationaux et des législations nationales en matière de droits de l'Homme.

Comète France :
association créée le 11 décembre 1992, qui œuvre pour le maintien d'une dynamique d'insertion sociale et professionnelle, pour, autour et avec, les personnes hospitalisées dans les 42 établissements sanitaires du réseau. L'action de Comète France vise à développer des stratégies précoces d'insertion sociale et professionnelle permettant de construire, dès l'entrée de la personne dans un établissement ou service de Soins de Suite et de Réadaptation (SSR), spécialisé en Médecine Physique et de Réadaptation (MPR) et avec

sa participation volontaire et active, un projet de vie, incluant obligatoirement une dimension professionnelle, qui pourra se concrétiser le plus rapidement possible après sa sortie de l'établissement sanitaire. L'association s'adresse aux patients hospitalisés dans les établissements adhérents et pour lesquels la pathologie remet en cause le retour à l'emploi, en milieu ordinaire de travail.

Déficience :
selon la classification CIH-2 de l'OMS, *« dans le domaine de la santé, la déficience correspond à toute perte de substance ou altération d'une fonction ou d'une structure psychologique, physiologique ou anatomique ».*

Entreprise adaptée (EA) :
succédant à l'Atelier protégé depuis la loi du 11 février 2005, l'Entreprise adaptée est une entreprise du milieu ordinaire du travail offrant des conditions de travail et un environnement adaptés aux travailleurs en situation de handicap ayant des capacités de travail réduites. Elle est constituée d'au moins 80 % de travailleurs en situation de handicap, et a pour vocation d'être une passerelle vers les entreprises classiques. Un travailleur d'EA est considéré comme ayant les deux tiers des capacités de travail d'une personne en milieu ordinaire. Voir *Secteur du travail protégé et adapté.*

Établissement ou service d'aide par le travail (ESAT) :
héritiers des Centres d'aide par le travail (CAT) depuis la loi du 11 février 2005, les Établissements ou services d'aide par le travail sont des établissements médico-sociaux accessibles aux personnes en situation de handicap qui ne présentent pas, provisoirement ou définitivement, une autonomie suffisante

pour travailler en milieu ordinaire. L'accueil en ESAT est soumis à une orientation professionnelle vers le milieu protégé par la CDAPH. Un travailleur d'ESAT est considéré comme ayant le tiers des capacités de travail d'une personne en milieu ordinaire. *Voir Secteur du travail protégé et adapté.*

Fonds pour l'insertion des personnes handicapées dans la fonction publique (FIPHFP) :
Établissement public administratif créé en vertu de la loi du 11 février 2005, et instauré par le décret du 3 mai 2006. Son objectif est d'accompagner les employeurs des trois fonctions publiques (État, territoriale et hospitalière) dans le recrutement, le maintien dans l'emploi, la formation des agents en situation de handicap, et depuis 2011 l'accessibilité des locaux professionnels.

Loi n° 2005-102 du 11 février 2005 :
dite Loi pour l'égalité des droits et des chances, la participation et la citoyenneté des personnes handicapées. Parachevant l'édifice législatif des lois du 30 juin 1975 et du 10 juillet 1987, elle donne pour la première fois une définition légale du handicap (article 2). La loi du 11 février 2005 définit également le principe d'accessibilité généralisée à tous les domaines de la vie sociale (éducation, emploi, transports, cadre bâti), instaure un droit à compensation des conséquences du handicap et crée les MDPH dans chaque département.

Maison départementale des personnes handicapées (MDPH) :
créées dans chaque département par la loi du 11 février 2005 afin de faciliter les démarches des personnes en situation de handicap et de leurs familles en leur « *offrant un accès unique aux droits et presta-*

tions et à toutes les possibilités d'appui dans l'accès à la formation, à l'emploi et à l'orientation vers des établissements et services ». Les MDPH ont une mission d'accueil, d'information, d'accompagnement et de conseil des personnes en situation de handicap et de leurs familles, ainsi que de sensibilisation de tous les citoyens au handicap. Chaque MDPH met notamment en place une CDAPH qui prend les décisions relatives à l'ensemble des droits de la personne.

Mission locale :
créée par l'ordonnance du 26 mars 1982 et présente sur l'ensemble du territoire national, les 450 missions locales exercent une mission de service public de proximité avec un objectif essentiel : permettre à tous les jeunes de 16 à 25 ans de surmonter les difficultés qui font obstacle à leur insertion professionnelle et sociale. Chaque année, 1,4 million de jeunes sont accompagnés par les missions locales, afin de pallier l'ensemble de leurs difficultés d'insertion, dans les domaines professionnel, social et de vie citoyenne. Chaque mission locale dispose d'un réseau de partenaires de proximité : entreprises, organismes de formation, service public de l'emploi, services de santé, de logement et d'action sociale, services publics locaux, collectivités, associations, etc.

Mobilisation vers l'emploi (MVE) :
il s'agit d'une aide financée par un prestataire conventionné par Pôle emploi, visant à mobiliser vers l'emploi les publics connaissant des difficultés d'ordre social et personnel. L'objectif est d'une part de développer leur autonomie socioprofessionnelle et d'autre part de les aider à retrouver un emploi. L'accès à la qualification est également une orientation possible.

Pôle Emploi :
créé le 5 janvier 2009, cet Établissement public administratif a pour objectif d'apporter aux demandeurs d'emploi et aux entreprises les expertises combinées de l'Assédic et de l'ANPE. La mission de Pôle emploi est d'accueillir, d'indemniser, d'orienter et d'accompagner les demandeurs d'emploi, mais également les personnes en activité qui souhaitent évoluer dans leur projet professionnel, ou les salariés en situation précaire qui recherchent un emploi durable. Pôle emploi accompagne aussi les entreprises dans toutes les phases de leur recrutement : analyse des besoins, sélection des candidats, information sur les mesures d'aide à l'embauche. L'établissement assure enfin le recouvrement des cotisations au titre de l'assurance chômage.

Prestation ponctuelle spécifique (PPS) :
il s'agit d'une expertise apportée par un prestataire expert (par type de handicap), afin de permettre aux travailleurs en situation de handicap ayant des restrictions d'aptitude à l'emploi de rechercher une solution de compensation adaptée. Les PPS concernent la mise en œuvre d'expertises ou de techniques de compensation et sont notamment applicables au handicap psychique et mental. Elles sont mises en œuvre par des prestataires sélectionnés par l'Agefiph dans chaque département et interviennent sur prescription des Sameth ou d'un médecin conseil. Dans la fonction publique, les PPS constituent une solution susceptible d'être actionnée en dehors des procédures d'appel d'offre, donc de façon plus rapide.

Projet individuel/personnalisé :
le projet personnalisé est l'une des dispositions nouvelles proposées par la loi n° 2002-02 du 2 janvier

2002 rénovant l'action sociale et médico-sociale. Cette recommandation concerne l'ensemble des établissements et services sociaux et médico-sociaux (CASF, art. L.312-1 et L.313-1-1), dans le cadre du droit de participation directe de l'usager ou de son représentant légal à la conception et à la mise en œuvre du projet d'accueil et d'accompagnement qui le concerne (CASF, art. L.311-3, 3° et 7°).

Il s'agit d'une démarche dynamique, élaborée en concertation avec les professionnels d'établissements et l'équipe d'encadrement, la personne en situation de handicap et son entourage. Ce document constitue le fil conducteur de la prise en charge de la personne en situation de handicap tout au long de son séjour, afin d'évaluer les objectifs fixés à court, moyen et long terme. Il constitue également l'avenant au contrat de séjour ou au document individuel de prise en charge.

Reclassement pour inaptitude :
le reclassement professionnel pour inaptitude physique est une situation d'incompatibilité temporaire ou définitive de l'état de santé de la personne avec tout ou partie des exigences d'un poste de travail donné. Cette inaptitude doit être constatée par le médecin de prévention ou le comité médical de l'établissement. Le reclassement s'effectue soit sur un autre emploi du même grade, soit sur un emploi relevant d'un autre grade du même corps ou cadre d'emplois, soit sur un emploi relevant d'un autre corps ou cadre d'emplois. Cette disposition s'applique de la même façon aux salariés du secteur privé. Le régime de réparation des accidents du travail prévoit, dans le cadre des prestations en nature affectées à la victime, des aides financières au reclassement.

Reconnaissance de la qualité de travailleur handicapé (RQTH) :
délivrée par la CDAPH au vu d'un dossier administratif établi auprès de la MDPH. Selon le code du travail, *« est considérée comme travailleur handicapé toute personne dont les possibilités d'obtenir ou de conserver un emploi sont effectivement réduites par suite de l'altération d'une ou plusieurs fonctions physique, sensorielle, mentale ou psychique ».* Cette reconnaissance ouvre droit à un certain nombre d'avantages pour la personne en situation de handicap (orientation professionnelle par la CDAPH ou formation, soutien des Cap emploi, aides de l'Agefiph ou du FIPHFP, accès à la fonction publique par concours aménagé...) et pour l'employeur (obligation d'emploi, aide au poste...).

Service départemental d'appui au maintien dans l'emploi des travailleurs handicapés (Sameth) :
financé et piloté par l'Agefiph et le FIPHFP, la mission du Sameth est d'aider l'entreprise, le salarié ou un travailleur indépendant confrontés à un risque de perte d'emploi du fait d'une situation de handicap. Il mobilise pour ce faire les aides et prestations techniques, humaines et financières nécessaires au succès du maintien dans l'emploi. 99 Sameth ont été sélectionnés par l'Agefiph et le FIPHFP dans le cadre d'un appel d'offre national et sont présents aujourd'hui dans tous les départements à l'exception de Mayotte.

Secteur du travail adapté et protégé :
renforcé par la loi du 11 février 2005, le secteur adapté et protégé est constitué aujourd'hui d'environ 1 450 ESAT et 700 EA, employant 155 000 travailleurs en situation de handicap. Qu'ils relèvent du milieu protégé (médico-social) ou du milieu adapté (social),

les EA et les ESAT ont pour vocation l'épanouissement par le travail et l'insertion professionnelle des personnes en situation de handicap qui ne sont pas en mesure de travailler en milieu ordinaire. *Voir EA et ESAT.*

Services de santé au travail (SST) :
remplacent les Service de médecine du travail, depuis la loi du 17 janvier 2002 de modernisation sociale. Ce changement de terminologie marque la volonté des pouvoirs publics de placer l'action préventive au cœur des missions du médecin du travail et d'étendre les compétences des services au-delà du champ strictement médical, par le recours aux intervenants en prévention des risques professionnels. Dès lors, tout employeur doit organiser le suivi en santé au travail de ses salariés, sur le plan matériel et financier, au sein de services de santé au travail, interentreprises (pour les entreprises de moins de 500 salariés) ou autonomes.

Taux d'emploi direct :
part des travailleurs en situation de handicap dans l'effectif total des établissements en équivalent temps plein (ETP).

Calcul : taux d'emploi direct = nombre de bénéficiaires/nombre d'effectif total rémunéré

Taux d'emploi légal :
ce taux est défini par le rapport entre, d'une part, la somme obtenue en ajoutant aux BOE, des équivalents bénéficiaires, calculés à partir de certaines dépenses prévues par le Code du travail (contrats de sous-traitance avec des entreprises employant des travailleurs en situation de handicap, dépenses liées à l'insertion professionnelle, dépenses pour maintenir dans l'emploi des personnes lourdement handicapées, aména-

gement de postes de travail), et, d'autre part, l'effectif physique total rémunéré.

Calcul : taux d'emploi légal = (nombre de bénéficiaires + équivalents bénéficiaires)/nombre d'effectif total rémunéré

Tutorat :
en entreprise, le tutorat est l'action d'associer, pour une période donnée, une personne confirmée du domaine de compétence (tuteur) et une personne débutante du même domaine (tutoré). Le tutorat d'accompagnement des personnes en situation de handicap ajoute à ces notions quelques objectifs spécifiques : écouter, dialoguer, accompagner la personne, soit lors de son retour à l'emploi, soit lors de son insertion professionnelle dans une entreprise, afin de l'aider à devenir autonome. Plus que l'acquisition d'un métier, d'un diplôme ou d'une qualification du domaine de la formation professionnelle, le tuteur de personnes en situation de handicap a une mission d'accompagnement et de médiation entre le salarié et les acteurs de l'entreprise.

Bibliographie

Al Adlouni Sofia, Chevalier Claire, Dauvergne Inès et al., *Les stéréotypes sur les personnes handicapées : comprendre et agir dans l'entreprise*, Guide pratique réalisé pour IMS - Entreprendre pour la Cité, avril 2011.

Agefiph, *Salariés handicapés : l'entreprise, telle qu'ils la voient, telle qu'ils la vivent…*, Étude qualitative, septembre 2006.

Agefiph, *Handicap et travail au cœur de l'entreprise*, Étude qualitative, septembre-octobre 2009.

Agence Entreprises & handicap, *Maintien dans l'emploi des personnes handicapées « Recruté et après… ? »*, Livre blanc, 2013.

Ait-Ali Bélaid, Lesieur Gérard et al., *Le tutorat d'accompagnement de personnes handicapées*, Dossier réalisé pour Cinergie, 2010.

Barth Isabelle, Ramboarison-Lalao Lovanirina, *Accompagnement « bienveillant » des travailleurs handicapés : un levier de réussite de l'emploi direct ?*, Laboratoire HuMaNiS - 1347, EM Strasbourg, 2011.

Blanc Alain, « Employabilité limitée et discrimination : les personnes handicapées à l'épreuve de l'insertion professionnelle », *Éducation permanente*, n° 156, 2003.

Busnel Michel, *L'emploi : un droit à faire vivre pour tous. Évaluer la situation des personnes handicapées au regard de l'emploi, prévenir la désinsertion socioprofessionnelle,* Rapport remis au Ministre du Travail, des relations sociales, de la famille, de la solidarité et de la ville et à la Secrétaire d'Etat chargée de la famille et de la solidarité, La Documentation française, janvier 2010.

Chossy Jean-François, *Passer de la prise en charge… à la prise en compte*, Rapport remis au Premier ministre, La Documentation française, 2011.

CTNERHI, « L'adulte devenu handicapé : annonce du handicap, réaction psychologique et vécu identitaire », *Dossier professionnel documentaire*, n° 7, 2000.

FIPHFP, *Recrutement et maintien dans l'emploi des personnes handicapées : Guide de l'employeur public*, Caisse des dépôts, Direction des retraites, Direction de la communication, 2009.

FIPHFP, Rapport annuel 2013. Disponible sur *www.fiphfp.fr.*

Fontier Rémy, *Handicap et fonction publique : guide pratique pour l'emploi et la carrière des travailleurs handicapés,* CTNERHI, 2003.

Le Houérou Annie, *Dynamiser l'emploi des personnes handicapées en milieu ordinaire : aménager les postes et accompagner les personnes*, Rapport remis au Premier ministre, La Documentation française, 2014.

Maëla Paul, « L'accompagnement : une posture professionnelle spécifique », *Les carnets de la Persagotière,* n° 22, 2010.

Nations Unies, *Convention relative aux droits des personnes handicapées et protocole facultatif*, Texte officiel, 2006.

Nobre Thierry (dir.), *L'innovation managériale à l'hôpital*, DUNOD, Coll. Santé Social, octobre 2013.

Organisation internationale du travail, *La gestion du handicap sur le lieu de travail*, Outils pratiques, 2002.

Organisation mondiale de la santé, *CIH-2, Classification internationale du fonctionnement du handicap et de la santé*, 2001.

Pernet Christophe, Savard Dominique, *Travailleurs handicapés en milieu ordinaire : des outils pour mieux les accompagner*, Érès, 2009.

Vial Michel, Caparros-Mencacci Nicole, *L'accompagnement professionnel ? Méthode à l'usage des praticiens exerçant une fonction éducative,* De Boeck, 2007.

Comprendre les personnes

Nos livres par collection avec les niveaux de lecture

Ev : Éveil **Es** : Essentiel **S** : Synthèse **Dé** : Débattre

Ev - Les étapes du développement de la personnalité - Livres illustrés

* * *

- * **Le bébé et ses parents. 0 à 18 mois** A. Guillotte - 3e éd.
- * **1 à 3 ans. Vers une personnalité autonome**J.-F. Skryppczak & Roland Burlet - 3e éd.
- * **3 à 6 ans. L'enfant metteur en scène de sa vie**A. Guillotte & T. Lardier - 3e éd.
- * **Œdipe (L'). Moyen de libération**C. Maccio & Cl. Régnier - 104 pages - 2e éd.
- * **5-12 ans. Les enfants et leur enfance**M. Richard -104 pages -4e éd.
- * **11-15 ans. Les enjeux d'une révolution**A. Donval - O. Thibault -R. Gattegno -112 p. -6e éd.
- * **14-18 ans -L'adolescence** -M.-F. Jallade -3e éd.

Es * **À l'écoute des mots de la démence**I. Vendeuvre-Bauters - 222 p.
Es * **À l'écoute du symptôme IVG** - B. Avon - 168 p.
Es * **Abécédaire d'une anorexique** - M. Rochet - 96 p.
Es * **Abécédaire de la bien-traitance en multi-accueil** - A. Deroo - 88 p.
Es * **Accéder à son intériorité** - H. Petit-Pillie 144 p.
Es * **Accepter ses émotions** - C. Demey-Guillard 96 p.
Es * **Accompagnement de la personne âgée avec l'approche centrée sur la personne** - M. Pörtner - 192 p.
Es * **Accompagner en hôpital** - G. Moraillon - 128 p.
Es * **Accompagner la personne avec schizophrénie** N. Barre - 144 p.
Es * **Accompagner l'enfant atteint de troubles d'apprentissage** - M.-J. Pétiniot - 272 p.
S * **Accompagner l'enfant trisomique**D. Vaginay - 240 p. - 2e éd.
S * **Accompagner la maladie d'Alzheimer M.** Personne - 208 p.
Es * **Accompagner la professionnalisation des assistantes maternelles - F. Champlon**g - 112 p.
Es * **Accompagner la surdité de son enfant**M.-L. Boinon - 96 p.
Es * **Accompagner le bébé souffrant** - B. Colineau 192 p.
S * **Accompagner le placement familial**G. de l'Espinay & C. Papalardi - 176 p.
Es * **Accompagner le vieillissement**D. Thiebault - 96 p.
Es * **Accompagner les parentalités : le Mosip outil d'évaluation et d'intervention**C. Bopp Limoge - 256 p.
Es * **Accompagnement les personnes âgées avec l'approche centrée sur la personne** - M. Pörtner 112 p.
Es * **Accompagner les personnes handicapées à domicile** - Y. Lacroix - 284 p.
Es * **Accompagner un enfant autiste** - N. Poirier & C. Kozminski - 168 p.
Es * **Accompagner un proche en Alzheimer** R. Magnon - 128 p.
Es * **Accompagner vers la parentalité les personnes en situation de handicap** - B. Morin - 144 p.
Es * **Accomplir sa vie** - A. Gromolard - 144 p.
Es * **Accroître le soin relationnel** B. Cuisinier - 368 p. - 2e éd.
Es * **Accueillir les besoins psychiques de l'adulte vieillissant** - V. Robichaud - 160 p.
Es * **Adolescence : les clefs pour comprendre** Collectif - 212 p.
Es * **Adolescents, drogues et toxicomanie** L. Gonet - 144 p.
S * **Adoption (L')** - A. Decerf - 190 p. - 2e éd.
Es * **Aider les enfants en difficultés d'apprentissage** J.-C. Juhel - 364 p.
Es * **Aider son enfant à surmonter le mutisme sélectif**A. E. McHolm & C.-E. Cunningham & M.-K. Vanier - 192 p.
Es * **Aides-soignant(e)s en gériatrie**A.-M. & A. Crépet - 200 p.
Es * **Allaiter et reprendre le travail,** V. Darmangeat -160 p.
S * **Alzheimer, l'aide aux aidants** J. Gaucher - G. Ribes - T. Darnaud - 144 p.
Es * **Alzheimer et vulnérabilité**- N. Kopp & P. Krolak-Salmon - 240 p.

Es * **Alzheimer system** - C. Eyanrd, 224 p.
Es * **Animer un atelier de réminiscence**A. Goldberg - 160 p. - 4e éd.
Es * **Art de dire non (L')** - J. Juul - 64 p.
Es * **Art et lien social** - Gérard Bonnefon - 144 p.
Es * **Art dramatique et déficience intellectuelle**J. Doyon - 128 p.
Es * **Art-thérapie et maladie d'Alzheimer**C. Hof - 120 p.
Es * **Assistance sexuelle et handicaps** - C. Agathe - Disserents & F. Vatré - 192 p.
Es * **Atelier collage** - C. Hof - 128 p.
Es * **Atelier d'écriture et personnes âgées**M. Janvier - 160 p. - 2e éd.
Es * **Autisme, un jour à la fois (L')**N. Poirier & C. Kozminski - 200 p.
Es * **Autonomie et handicap moteur** A. Loher-Goupil - 148 p.
Es * **Avortement et le lien maternel (L')** I. Tamian-Kunégel - 144 p. - 2e éd.
Es * **Bâtir la confiance** - A. De Panefieu - 176 p.
Es * **Bien vieillir au quotidien** - J.-C. Juhel - 230 p.
Es * **Ce que nous enseignent les malades d'Alzheimer**L. Ploton - 144 p.
Es * **Choisir sa vie, Vivre ses choix** - P. Lefèvre - 104 p2e éd.
Es * **Chronique d'une mort refusée** - J.-L. Gay - 160 p.
Es * **Cinéma, une douce thérapie** - P. Gilly - 144 p.
Es * **Comment élever un enfant sans se/le jeter par la fenêtre** - D. Vaginay - 238 p.
Es * **Comment en finir avec les persécutions à l'école** G. Deboutte - 176 p.
Es * **Communiquer avec des personnes âgées**M. Perron - 176 p. - 4e éd.
Es * **Communiquer avec des personnes âgées atteintes de la maladie d'Alzheimer** - J. Grisé 86 p.
Es * **Comprendre la culture arabo-musulmane** X. Remacle - 176 p
Es * **Comprendre la culture chinoise** - B. Tison 160 p.
S * **Comprendre la culture hindoue** - B. Tison - 208 p.
Es * **À l'écoute des mots de la démence** I. Vendeuvre-Bauters - 222 p.
Es * **À l'écoute du symptôme IVG** - B. Avon - 168 p.
Es * **Abécédaire d'une anorexique** - M. Rochet - 96 p.
Es * **Abécédaire de la bien-traitance en multi-accueil** - A. Deroo - 88 p.
Es * **Accéder à son intériorité** - H. Petit-Pillie 144 p.
Es * **Accepter ses émotions** - C. Demey-Guillard 96 p.
Es * **Accompagnement de la personne âgée avec l'approche centrée sur la personne** - M. Pörtner - 192 p.
Es * **Accompagner en hôpital** - Moraillon - 128 p.
Es * **Accompagner la personne avec schizophrénie** N. Barre - 144 p.
Es * **Accompagner l'enfant atteint de troubles d'apprentissage** - M.-J. Pétiniot - 272 p.
S * **Accompagner l'enfant trisomique** D. Vaginay - 240 p. - 2e éd.
S * **Accompagner la maladie d'Alzheimer M.** Personne - 208 p.
Es * **Accompagner la professionnalisation des assistantes maternelles - F. Champlon**g - 112 p.
Es * **Accompagner la surdité de son enfant**
M.-L. Boinon - 96 p.
Es * **Accompagner le bébé souffrant** - B. Colineau 192 p.
S * **Accompagner le placement familial**
G. de l'Espinay & C. Papalardi - 176 p.
Es * **Accompagner le vieillissement** D. Thiebault - 96 p.
Es * **Accompagner les parentalités : le Mosip outil d'évaluation et d'intervention** - C. Bopp Limoge - 256 p.
Es * **Accompagnement les personnes âgées avec l'approche centrée sur la personne** - M. Pörtner - 112 p.
Es * **Accompagner les personnes handicapées à domicile** - Y. Lacroix - 284 p.
Es * **Accompagner un enfant autiste** - N. Poirier & C. Kozminski — 168 p.
Es * **Accompagner un proche en Alzheimer** - R. Magnon - 128 p.
Es * **Accompagner vers la parentalité les personnes en situation de handicap** - B. Morin - 144 p.
Es * **Accomplir sa vie** - A. Gromolard - 144 p.
Es * **Accroître le soin relationnel** - B. Cuisinier - 368 p. - 2e éd.
Es * **Accueillir les besoins psychiques de l'adulte vieillissant** - V. Robichaud - 160 p.
Es * **Adolescence : les clefs pour comprendre** Collectif - 212 p.
Es * **Adolescents, drogues et toxicomanie**
L. Gonet - 144 p.
S * **Adoption (L')** - A. Decerf - 190 p. - 2e éd.
Es * **Aider les enfants en difficultés d'apprentissage** J.-C. Juhel - 364 p.
Es * **Aider son enfant à surmonter le mutisme sélectif** - A. E. McHolm & C. E. Cunningham & M. K. Vanier - 192 p.

Es * **Aides-soignant(e)s en gériatrie** - A.-M. & A. Crépet - 200 p.
Es * **Allaiter et reprendre le travail,** V. Darmangeat -160 p.
S * **Alzheimer, l'aide aux aidants** - J. Gaucher - G. Ribes - T. Darnaud - 144 p.
Es * **Alzheimer et vulnérabilité**- N. Kopp & P. Krolak-Salmon - 240 p.
Es * **Alzheimer system** - C. Eyanrd, 224 p.
Es * **Animer un atelier de réminiscence** A. Goldberg - 160 p. - 4e éd.
Es * **Art de dire non (L')** - J. Juul - 64 p.
Es * **Art et lien social** - Gérard Bonnefon - 144 p.
Es * **Art dramatique et déficience intellectuelle -** J. Doyon - 128 p.
Es * **Art-thérapie et maladie d'Alzheimer -** C. Hof - 120 p.
Es * **Assistance sexuelle et handicaps** - C. Agathe - Disserents & F. Vatré - 192 p.
Es * **Atelier collage** - C. Hof - 128 p.
Es * **Atelier d'écriture et personnes âgées** M. Janvier - 160 p. - 2e éd.
Es * **Autisme, un jour à la fois (L')** N. Poirier & C. Kozminski - 200 p.
Es * **Autonomie et handicap moteur** A. Loher-Goupil - 148 p.
Es * **Avortement et le lien maternel (L')** I. Tamian-Kunégel - 144 p. - 2e éd.
Es * **Bâtir la confiance** - A. De Panefieu - 176 p.
Es * **Bien vieillir au quotidien** - J.- C. Juhel - 230 p.
Es * **Ce que nous enseignent les malades d'Alzheimer** L. Ploton - 144 p.
Es * **Choisir sa vie, Vivre ses choix -** P. Lefèvre - 104 p - 2e éd.
Es * **Chronique d'une mort refusée** - J.-L. Gay - 160 p.
Es * **Cinéma, une douce thérapie** - P. Gilly - 144 p.
Es * **Comment élever un enfant sans se/le jeter par la fenêtre** - D. Vaginay - 238 p.
Es * **Comment en finir avec les persécutions à l'école** G. Deboutte - 176 p.
Es * **Communiquer avec des personnes âgées** - M. Perron - 176 p. - 4e éd.
Es * **Communiquer avec des personnes âgées atteintes de la maladie d'Alzheimer -** J. Grisé 86 p.
Es * **Comprendre la culture arabo-musulmane** - X. Remacle - 176 p. - 2e éd.
Es * **Comprendre la culture chinoise** - B. Tison - 160 p.
S * **Comprendre la culture hindoue** - B. Tison - 208 p.
Es * **Comprendre la psychiatrie communautaire** - H. Lasserre - 96 p.
Es * **Comprendre la psychiatrie des urgences** - H. Lasserre - 64 p.
S * **Comprendre la sexualité de la personne handicapée mentale** - D. Vaginay - 199 p. - 3e éd.
Es * **Être grand-parent** - G. Eid & A. Scrive - 128 p.
S * **Être malade et apprendre** - O. Delorme - 224 p.
S * **Être père malgré tout** - C. Dufourcq-Chappaz 192 p.
Es * **Éveil à l'enfant (L')** - C. Bopp-Limoge - 448 p.
S * **Face aux ruptures de vie** - IRDC Vittoz - 112 p.
Es * **Favoriser le développement de l'enfant -** J.-C. Juhel - 240 p.
Es * **Femmes en errance - De la survie à l'existence** Ass. Femmes SDF (Grenoble-38) - 120 p.
S * **Femmes et santé** - F. Desailly - 256 p.
Es * **Femmes musulmanes** - J. Criscuolo - 128 p.
Es * **Fonctionnements autistiques chez l'adulte** - M. Brioul - 448 p.
Es * **Grandir dans l'ombre d'un parent alcoolique** J. Allain-Vovard & D. Demaria - 112 p.
Es * **Groupes sectaires totalitaires (les)** M. Bouderlique - 112 p.
Es * **Guérir de l'inceste** - M. Cauvent - 112 p.
Es * **Habiter son corps, découvrir son être** M. Bussillet - 168 p. - 2e éd.
Es * **Handicap et domicile -** P. Dreyer - 144 p.
Es * **Heureux en crèche** - A. Deroo - 64 p.
Es * **Histoire(s) de vieillir debout** - J. Maslowski 208 p.
Es * **Homme et son langage (L')** - Introduction à la linguistique - F. Poché - 160 p.
Es * **Image de soi** - C. De Mey Guillard - 80 p.
Es * **Imaginer et réaliser** - La marmite des professionnels en gériatrie - N. Lairez-Sosiewicz - 112 p.
S * **Impact familiale de la maladie d'Alzheimer (L')** - T. Darnaud - 160 p.
Es * **Initiation aux thérapies cognitives et comportmentales** - C. De Mey-Guillard - 144 p.
S * **Inné et l'acquis (L')**- Inégalités "naturelles" et sociales - J.-F. Skrzypczak - 208 p. - 3e éd.
Es * **Intelligence du coeur (L')** - J. Benoit - 80 p.
Es * **Intervenir en milieu familial** G.-J. Larocque - 124 p.

Es * **Intervenir en situation de crise suicidaire** - C. Lafleur & M. Seguin - 124 p. + CD
Es * **Intervenir en situation de violence** - Pillet Guillard - Obringer - Brice - 224 p.
S * **Intimité, secret professionnel et handicap** Collectif - 192 p.
Es * **Introduction à la psychanalyse de Freud -** M. Dethy - 152 p. - 6e éd.
Es * **Introduction à la psychanalyse de Lacan -** M. Dethy - 152 p. - 5e éd.
Es * **Introduction à la psychanalyse de Reich** - J. Lesage de La Haye - 128 p.
Es * **Introduction à la psychologie d'Adler -** C. Rager –176 p.
Es * **Introduction à la psychothérapie populaire de Freud** - A. Appreau & H. Lasserre - 96 p.
Es * **Itinéraires d'insertion** - M. Debard - 160 p.
Es * **J'ai le cancer, et alors ?** - C. Litt - 176 p.
Es * **Jardin d'enfance d'Éducation nouvelle -** Dépasser le spontané par le construit (Un) - E. Eloy - 160 p.
Es * **Je ne suis pas fou** - J. Bierhanz & Y. Foletti - 80 p.
Es * **Je suis précoce - Mes parents vont bien** E. Autain-Pleros - 72 p. - 3e éd.
Es * **Je suis précoce - Mes profs vont bien** E. Autain-Pleros - 96 p.
Es * **Lâcher-prise avec l'aide de la philosophie chinoise** - J. Treyer - 144 p.
Es * **Lien corps psychisme** - C. Guyon-Gellin & A. Leca - 160 p.
Es * **Livre du Moi (Le)** - Ch. Staquet - 160 p.
S * **Maladie d'Alzheimer** - À l'écoute d'un langage - Dr L. Ploton - 176 p. - 4e éd.
Es * **Maladie d'Alzheimer - Vers un équilibre aidants-aidés** - A. Brouard - 144 p.
Es * **Maladies psychosomatiques et troubles de la sexualité** - M. Dethy - 120 p.
Es * **Mieux comprendre nos désirs** - De la naissance à la fin de vie - Dr P. Lefèvre - 256 p.
Es * **Mieux vivre nos comportements** M. Graner 240 p.
Es * **Mon adolescent m'inquiète** - J. Bergeret & M. Houser - 144 p.
Es * **Mort dans ma vie - Des mots pour en parler (La)** - Jalmalv - 192 p.
Es * **Musique, thérapie et animation** - C. Rivemale - 158 p.
Es * **Ne pas avoir peur de la psychopathologie** - L. Ploton - 176 p.
Es * **Oser proposer une autre alimentation aux personnes âgées fragilisées** - M. Perron - 176 p
Es * **Pages de vie en maison de retraite** A. Duponchelle & G. Elschner - 176 p.
S * **Papé et sa maison de retraite** - T. Darnaud - 208 p.
Es * **Parler pour exister** - Créer des espaces de parole - C. Bizet - 208 p.
Es * **Parole d'enseignante** - L'école, les belles et la Bête - A. Peignault - M.-P. Degois - 288 p.
Es * **Parole de bénévoles** - ass. EERIGE - 80 p.
Es * **Parole de jeune** - J'ai mal à ma France
A. Ly & M. Gay - 192 p.
Es * **Parole de suicidaires** - Patrick, Annie et quelques autres - 136 p.
Es * **Partir de l'enfer conjugal** - A.-M. Garcia - 96 p.
Es * **Partir en mission humanitaire** - Expatriation ? Coopération ? Don volontaire ? - B. Tison - 160 p.
ES * **Passage à l'acte : traumatisme, résilience et effets transgénérationnels** - C. Rodet - 128 p.
Es * **Pèleriner vers Compostelle** - G. Dutey - 192 p.
Es * **Penser l'accompagnement des personnes handicapées** - O. Baton - 208 p.
S * **Personne âgée (La)** - L. Ploton - 256 p. - 7e éd.
Es * **Personne autiste et le syndrome d'Asperger (La) -** J.-C. Juhel - 312 p.
Es * **Personne ayant une déficience intellectuelle (La) -** J.-C. Juhel - 446 p
Es * **Petite enfance - Reconstruire les pratiques grâce aux neurosciences** - Schuhl & Serres - 142 p.
Es * **Polytoxicomanie** - Adefi - 208 p.
Es * **Porter un regard bien-traitant sur l'enfant et sur soi -** « Sois sage, obéis ! » - A. Deroo - 96 p.
Es * **Pour une éducation de la liberté** C. Maccio - 208 p. - 4e éd.
Es * **Pratiques psychologiques : enjeux éthiques et déontologiques** - B. Tison - 224 p.
Es * **Pratiques sportives et handicaps** Joël Gaillard - 176 p.
Es * **Prendre sa vie en main -** A. Gromolard - 128 p. - 4e éd.
Es * **Processus clinique en éducation spécialisée** - M. Landry - 358 p.
Es * **Psychalnalyse corporelle et sociale** - J. Lesade de la Haye - 192 p.
S * **Psychologie de la désadaptation** - J. Ratté - 402 p.
Es * **Psychologie gérontologique -** J. Vézina - P. Cappeliez - P. Landreville - 230 p.
Es * **Psychomotricité au service de la personne âgée -** J.-C. Juhel - 236 p.

Es * **Réaliser un projet accueil petite enfance -** C. Schuhl - 120 p. - 5e éd.
Es * **Reconnaître le handicap psychique** R. Baptiste - 168 p.
S * **Re-créer les liens familiaux** M. Savourey - 192 p. - 3e éd.
Es * **Redéfinir les fondamentaux de la psychanalyse** - M. Dethy - 128 p.
Es * **Réfléchir sa trajectoire de vie** - A. Terrien - 192 p.
S * **Regarde... ton enfant est compétent** J. Juul - 192 p.
Es * **Relais assistants maternels et respect de la diversité** - ESSSE - M. Mony - 112 p.
Es * **Relation d'aide (La)** - L. Tremblay - 192 p.
Es * **Remédier aux douces violences** - C. Schuhl 80 p. - 3e éd.
Es * **Renaître orphelin** - F. F. Valet - 192 p.
Es * **Repérer et éviter les douces violences -** C. Schuhl & D. Dugas - 80 p. BD - 3e éd.
Es * **Re-trouver l'estime de soi** - C. Bizouard et D. Roche - 128 p - 2eéd.
Es * **S'épuiser ou se construire** - J. Bopp - 96 p.
Es * **Se reconstruire face à un cancer du sein -** J. Jehane - 128 p.
Es * **Se savoir accompagné sur le chemin de Compostelle** - G. Dutey - 112 p.
Es * **Secrets intimes - Secrets de famille** M. Quesnoy-Moreau - 112 p.
Es * **Sectes - Les manipulations mentales** M. Bouderlique - 128 p. - 3e éd.
Es * **Sexualité et vieillissement** - G. Ribes - 144 p.
S * **Sexualité pour les personnes handicapées** Réalité, utopie ou projet ? - D. Vaginay - 352 p.
Es * **Soignants en gériatrie** - A. Crépet - 288 p.
S * **Sophrologie en pédopsychiatrie** J.-F. Fortuna - 208 p.
Es * **Subir ou rebondir après une agression -** C. De Mey-Guillaud & S. Raguin - 128 p.
Es * **Surmonter la mort de l'enfant attendu -** É. Martineau - 136 p.
Es * **Taire et transmettre -** M. Lani-Bayle - 192 p.
Es * **Traces de vie -** M. Lani-Bayle, É. Lilet - 192 p.
Es * **Travailler la diversité en accueil de jeunes enfants -** ESSSE - 112 p.
S * **Trisomie 21** - D. Vaginay et coll. - 224 p.
Es * **Vécu du malade d'Alzheimer** - R. Sabat Steven - 336 p.
Es * **Vie de la personne âgée (La)** - A. Ladret - 128 p.
Es * **Vie quand même (La)** - É. & É. de Gentil-Baichis - 160 p.
Es * **Vieillir en institution** - N. Lépine - 176 p.
Es * **Vieillissement et érosion des défenses** - R. Salicrù - 128 p.
Es * **Violences familiale, scolaire et sociale** P. Marc - 176 p.
Es * **Visages de la pauvreté** - C. Violette-Bajard - 160 p.
Es * **Vivre âgé jusqu'au bout** - A. Métral - 144 p.
Es * **Vivre après l'accident -** J.-L. Simon - 152 p. - 3e éd.
Es * **Vivre avec des personnes âgées** - C. Pichaud & I. Thareau - 208 p. - 4e éd.
Es * **Vivre avec son handicap** - J. Criscuolo - 160 p. 2eéd.
Es * **Vivre en couple** - G. Valla Chevalley - 112 p.
Es * **Vivre en crèche** - C. Schuhl - 80 p. - 15e éd.
Es * **Vivre et composer avec la dyslexie** A. Idéale - 96 p.
Es * **Vivre l'animation auprès des personnes âgées** N. Lairez-Sosiewicz - 144 p. - 6e éd.
Es * **Vivre la boulimie** - S. Riéty - 160 p. - 2e éd.
Es * **Vivre la relation avec son bébé** N. Roques - 132 p.
Es * **Vivre la retraite avec sérénité** V. Robichaud - 208 p.
Es * **Vivre la sexualité - Encyclopédie illustrée -** D. Vaginay, Daniel Balvet - 176 p.
Es * **Vivre le deuil -** M.-F. Augagneur - 160 p. - 4e éd.
Es * **Vivre le liens parents-enfant** - M. Anaut - 80 p.
Es * **Vivre mieux au quotidien** - F. Gibert, C. Guyon-Gelin - A. Leca - 144 p., 4e éd.
S * **Vivre sa grossesse et son accouchement -** I. Brabant - 440 p. - Nouvelle édition revue.
S * **Vivre sans toi** - A. Triponel - N. Hamza - 284 p. - 2e éd.
Es * **Vivre une (re)conquête de soi** Exercices Vittoz : souplesse, simplicité, sincérité - Vittoz IRDC 208 p.
Es * **Vivre une relation d'aide** C. Pichaud - 192 p. - 2e éd.
Es * **Vivre une thérapie -** Histoires de pères - C. Merle - 112 p.
Es * **Voyage intérieur Recueil 1** - J.-Y. Bonnamour 192 p. - 5e éd.
Es * **Voyage intérieur Recueil 2** - J.-Y. Bonnamour 200 p.

Comprendre la société

S * **15 ateliers pour se former à une culture de paix -** O. & M. Neumeyer - 240 p.

Es * **32 défis géopolitiques du XXIe siècle** Prométhée contesté - J.-S. Tabournel - 144 p.

Es * **A-t-on encore le droit d'être fragile ?** - F. Poché - 168 p.

Es * **Accompagnement à tous les âges de la vie -** ADAJ - 48 p.

S * **Accompagner l'enfant incasable et sa famille -** A. de Soto - 200 p.

Es * **Accueillir les jeunes migrants** - J. Bricaud - 224 p.

S * **Acteur dans la ville, acteur dans la vie -** C. Bopp-Limoge - 350 p.

S * **Agir avec Joseph Wresinski** M.-H. Dacos-Burgues - 320 p.

Es * **Agir contre les injustices** - C. Maccio - 128 p.

Es * **Adolescents de l'illimité** - M.-C.Marty & A. Pourtau - 160

Es * **À la rencontre des milieux de pauvreté** - P. Brun - 224 p.

Es * **Allez ! en sport !** - J.-L. Boujon & J.-M. Sautreau, 104 p. - Poche

Es * **Apprendre avec plaisir** - Refonder des relations sociales - D. Rambaud - M. Jeannerat - 160 p.

Es * **Apprentissages militants** - H. Lethierry - 336 p.

Es * **Art à la rencontre de l'autre (L')** - M. Meirieu & C. Hurtig-Delattre - 336 p.

Es * **Autonomie clé du changement** - F. Hermann 304 p.

Es * **Autre télévision est possible (Une)** - P. Meirieu 128 p.

S * **Bénévolat et demandeurs d'emploi** G. Bonnefon - 208 p.

Es * **Du Big-Bang à l'Homme moderne** C. Faure - 104 p.

Es * **Changer le social** - R. Baptiste - 192 p.

Es. * **Chômage de longue durée - Emploi précaire** P. Valentin - 176 p.

Es * **"Chose publique" ou l'invention de la politique (La)** - P. Dujardin - 40 p.

Es * **Cinquième République (La)** - G. Thevenon 272 p.

Es * **Citoyens impliquons-nous** - J.- C. Devèse - 96 p.

Es * **Combattre les exclusions -** M. Falisse - 176 p.

Es * **Comment vivre ensemble** - B. Bergier - 112 p.

S * **Comprendre et gérer les conflits dans les entreprises et les organisations -** P. Rousseau - 172 p.

Es * **Comprendre l'action des sectes** M. Bouderlique - 144 p. - 2e éd.

Es * **Comprendre l'économie politique** Y. de Wasseigne - 288 p.

Es * **Comprendre l'économie sociale et solidaire** N. Bardos-Feltoronyi - 160 p.

Es * **Comprendre l'histoire de la Vie** A. Steiger - 224 p.

Es * **Comprendre l'impact des jeux vidéo**
M. Chambler-Dubosson - 120 p.

S * **Comprendre le XXe siècle - Construire le XXIe** - A. Samuel - 302 p.

Es * **Conjugal et le familial face à la problématique alcoolique (Le)** - I. Tamian - 176 p.

Es * **Connaître et dynamiser sa commune -** M. Robin - 184 p.

S * **Construire des actions collectives** B. Dumas & M. Séguier - 232 p. - 3e éd.

Es * **Construire des pratiques éducatives locales** V. Berthet - L. Filaud-Jirari - 128 p.

Es * **Construire la démocratie** - P.-Y. Chereul - 176 p.

S * **Construire une éthique de la coopération** J.-C. Lavigne & B. Lestienne - 192 p.

Es * **Courants de la médiation familiale** - Col. - 192 p.

Es * **Créativité et innovation dans les entreprises et les organisations** - R. Remouchamps & F. Tilman 160 p.

S * **Culture et changement social** - Approche anthropologique - D. Mandon - 208 p.

Es * **Culture religieuse, T. 1 - De la préhistoire aux débuts du christianisme** - J. Cordonnier - 120 p.

Es * **Culture religieuse, T. 2 - De l'Église des premiers siècles aux guerres de religion -** J. Cordonnier - 136 p.

Es * **Culture religieuse, T. 3 - Des guerres de religion à la guerre de 1914** - J. Cordonnier - 160 p.

Es * **Culture religieuse, T. 4 - Religions et croyances actuelles** - J. Cordonnier - 272 p - 2e éd.

Es * **Culture religieuse, T. 5 - Dérives religieuses** - J. Cordonnier - 144 p.

Es * **Culture religieuse, T. 6 - Mythologie païenne et Christianisme** - J. Cordonnier - 176 p.

Es * **Dans les coulisses du travail social** - J. Régi 128 p.

Es * **De la personne prise en charge à la personne prise en considération** - D. Mautuit - 192 p.

S * **Développer des pratiques communautaires en santé et développement social** - B. Goudet - 352 p.

Es * **Développer l'éthique et le travail social** - R. Baptiste & B. Caubère - 240 p.

Es * **Devenir acteur du changement** - B. Quasnik - 128 p.

S * **Dictionnaire des solidarités** P. Ansay - A. Goldschmidt - 264 p.

Es * **Dirigeant se réaproprier le désir de penser et la volonté** - L. Baranski - 96 p.

Es * **Diriger un foyer jeunes travailleurs** - C. Hermet - 192 p.

Es * **Don et bientraitance** - P. Poirier - 192 p.

Es * **Donner recevoir des savoirs -** Quand la république reconnait la réciprocité - Réseaux d'échanges réciproques de savoirs - 160 p.

Es * **Donner toute sa chance à l'école** - Collectif - 96 p.

S * **Les droits de l'homme** - M. Simon - 180 p. - 2e éd.

S * **Droits de l'homme - Droits des peuples -** P. Richard - 184 p.

Es * **Du solidarisme à l'économie solidaire -** E. d'Hombres - 322 p.

Es * **Échanger des savoirs à l'école** - C. Heber Suffrin - 112 p.

Es * **Échanger nos savoirs à Meaux** - collectif - 304 p.

Es * **École en rire, en pleurer, en rêver** - P. Frackowiak & J. Risso 112 p.

Es * **École sans boussole dans une société sans projet (Une)** - P. Bouchard - 128 p.

Es * **Éducation populaire** - M. Heber Suffrin - 112 p.

Es * **Éducation spécialisée** - G. Bonnefon - 176 p.

Es * **Éloge de l'éducation lente**– J. Domènech Francesch - 128 p.

Es * **Émancipation (L') -** Se libérer des dominations - F. Galichet - 240 p.

ES * **Entreprise au défi des réligions (L')** M. Younés - 128 p.

D * **Entreprise démocratique (L')** J. Benoit & D. Yurkievich - 192 p.

Es * **Entreprise un lieu pour l'homme (L')** - M. Grassin - 128 p.

Es * **Entrer dans un monde de coopération** - C. Marsan - 272 p.

Es * **Être bénévole** - P. Dreyer — 288 p.

Es * **Être développeur de territoire** M. Vandewynckle & J. Licata - 112 p.

S * **Faire avec l'objet** - J.-P. Filiod - 224 p.

Es. * **Faire (re)naître la démocratie** - Collectif - 112 p.

Es * **Faire vivre le droit à l'éducation** - P. Richard 224 p.

Es * **Famille et pratiques sociales -** L'approche médiation : postures et initiatives M.K. Laflamme - J. Piovesan - 400 p.

Es * **Familles et professionnels de l'action sociale** Fondation d'Auteuil - 448 p.

Es * **Favoriser l'insertion des jeunes en situation de vulnérabilité** - D. Quaglia - 128 p.

Es * **Genèse et Évolution** - A. Steiger - 112 p.

Es * **Guide pratique d'éducation à l'environnement** Réseau École - Nature - 368 p.

Es * **Handicap et cinéma** - G. Bonnefon - 112 p.

Es * **Histoire des États-Unis** - Y. Bourdon - J. Lamarre - 278 p.

Es * **Histoire de la civilisation occidentale** G. Langlois - G. Villemure - 338 p.

Es * **Homme et la culture (L')** - J. Billaud - 128 p.

Es * **Intervenir auprès des enfants en situation de rue** - L. Ott - 144 p.

S * **Intervention du travailleur social (L') -** P. Weber - 336 p.

S * **Introduction à la littérature française** J. Beauté - 200 p.

S * **Introduction au travail social** Y. Hurtubise & J.-P. Deslauriers - 256 p.

Es * **JAC/MRJC** - Collectif - 424 p.

Es * **Laïcité (La) - Une exigence pour la paix -** A. Samuel - 208 p.

Es * **Lettre ouverte au ministre de l'Éducation nationale** - S. Grandserre - 64 p. — Poche

Es * **Libérer la France des armes nucléaires** - J.- M. Muller - 208 p.

Es * **Lier pédagogie et sociologie** - Coll Artemis - 136 p.

Es * **Logiques de projet - logiques de profit** Convergences ou oppositions ? - J.-P. Boutinet, J.-P. Brechet - 128 p.

D * **Ma commune à l'école du développement durable** - P. Bouquet - 160 p.

S * **Maîtriser les mutations techniques**
C. Maccio - 312 p.

Es * **Manuel d'alcoologie sociale** - Y. Coulombier - 112 p. - 2e éd.

Es * **Manuel d'initiation à l'interculturel**
G. Berbunt - 112 p.

S * **Médiation familiale (Les)** - C. Denis (dir.) 336 p.

S * **Médiations du travail social (Les)** M.-F. Freynet - 304 p. - 4e éd.

Es * **"métier" d'élu local (Le)** - É. Savary - 192 p.

Es * **Migrations internationales et marché du travail**
Collectif - 208 p.

Es * **Mode d'emploi de la civilisation planétaire** - E.-J. Duits - 128 p. poche

Es * **Notre santé - Une école de vie** - M. Pohier - 240 p.

Es * **Nouvelles pratiques philosophiques** - M. Tozzi - 352 p.

Es * **Organiser la résistance sociale** - F. Poché - 96 p.

Es * **Oser de nouveaux réflexes professionnels -** C. Bousquet et A. Marxer - 240 p.

Es * **Parier sur la réciprocité** - Collectif - 368 p.

S * **Partager les savoirs, Construire le lien** Collectif - 352 p.

Es * **Partis politiques -** Vie politique francaise (Les) - G. Thevenon - J.-P. Jal - 216 p.

Es * **Pedagogie des rencontres et des conflits transculturels** - H. Ott & K.- H. Bittl - 448 P.

S * **Pédagogie du développement social**
J.-L. Graven - 240 p.

Es * **Pédagogie sociale** - L. Ott - 112 p.

Es * **Penser, agir, vivre autrement en démocratie**
Collectif pacte civique - 128 p. - 4e éd.

Es * **Penser, apprendre agir en réseaux** - C. & M. Héber-Sufrin - 104 p. - 2e éd.

Es * **Penser l'avenir en association d'action sociale** - Baptiste & Caubere - 112 p.

Es * **Penser l'éducation avec la diversité** - ESSSE M. Mony - 256 p.

Es * **Penser l'éducation populaire** - G. Bonnefon - 112 p.

S * **Pérennité au travail** - Collectif - 304 p.

Dé * **Petit lexique à l'usage du travailleur social -** T. Darnaud - G. Hardy - 128 p. - 3e éd.

Es * **Plaisir d'aller à l'école** - C. Héber-Suffrin - 240 p.

Es * **PNL et relation d'aide** - J.-M. Ferey - 224 p.

Es * **Pratiquer la santé communautaire**
Institut Th. Renaudot - 144 p.

Es * **Principal, il nous aime pas (Le)** - R. Felix - 208 p.

S * **Promouvoir le dialogue interreligieux** - M. Joinville-Ennezat - 192 p.

Es * **Protection de l'enfance et de la jeunesse** Collectif - 304 p.

Es * **Quelle école pour quelle société ?** - ATD Quart Monde - 208 p.

Es * **Question du logement (La)** - P. Latreille - 160 p.

Es * **Relever les défis de l'Éducation nouvelle** - O. et M. Neumayer - E. Vellas - 272 p.

S * **Les religions aujourd'hui -** A. Samuel - 368 p. - 4e éd.

S * **Les sciences humaines en mouvement** L'humanité face aux changements - C. Maccio - 336 p.

Es * **S'approprier les clés de la mutation**
C. Marsan - 384 p.

Es * **(Se) former à la santé communautaire -** P. Deconstanza - 136 p.

Es * **S'initier à la sociologie** - J. Feschet - 224 p.

S * **Solidarité par le partage du travail et des revenus** C. Maccio - 304 p.

Es * **Solidarités émergentes - Institutions en germe** - O. Frérot - 128 p.

Es * **Souffrance au travail** - CFDT France Télécom & C. Dejours - 96 p.

Es * **Temps des oublié (Le)** - F. Poché - 160 p.

Es * **Thérapie sociale** - Rojzman & Rothenbuhler - 230 p.

S * **Tourisme responsable** - A. Laurent - 512 p.

Es * **Traité de stratégie à l'usage des travailleurs sociaux (Le) -** P. Papillon - D. Wahbi - 160 p.

S * **Transactions aux frontières du social (Les)** Collectif - 256 p.

Es * **Travail (Le) -** Regard photographique BIT - 104 p.

S * **Travail social (Le)** - L. Fèvre - 288 p. - 2e éd.

Es * **Universités populaires de parents** E. Murcier & M. Clausier - 192 p.

Es * **Va'y avoir du Taf - D'après les jeunes** - MRJC - 96 p.

S * **Valeurs pour notre temps** - L'humanité face aux changements - C. Maccio - 260 p.

Es * **Vivre et penser le conseil conjugal** A. Moyne - 192 p.

Es * **Vivre et travailler en institution specialisée** C. Dargère - 240 p.

Es * **Vivre s'apprend** - A. Tarpinian - 256 p.

Savoir penser

Es * **Agir avec Jankelevitch** - H. Lethierry - 176 p.

Es * **Agir avec Joseph Folliet -** Ass. les Amis de J. Folliet - 128 p.

Es * **Agir avec Keynes** - F. Lehouck - 112 p.

S * **Agir avec Mounier -** J.-F. Petit & R. Valléjo - 144 p.

Es * **Agir avec Proudhon** - J. Langlois - 208 p.

Es * **Benoit Carteron** - G.Dupeyron & B.Benoit - 168 p.

Es * **Chrétiens et justice sociale** - C. Maccio - 304 p.

Es * **Comprendre le propre de l'Homme** M. Bouderlique - 96 p.

Es * **Comprendre les systèmes politiques** F. Amanrich - 128 p.

Es * **Comprendre les systèmes politiques** F. Amanrich - 128 p.

Es * **Chrétiens et justice sociale** C. Maccio - 304 p.

Es * **De l'individu à la personne** - C. Maccio - 224 p.

S * **Doctrines du pouvoir politique (Les)** M. Richard - 192 p.

Es * **Double hélice des civilisations (La)** - A. De Peretti - 352 p.

Es * **Histoire du cerveau** - A. Parent - 312 p.

S * **Idées-forces pour le XXIe siècle** A. Tarpinian, 272 p.

S * **Lexique des sciences humaines** J. Glorieux & B. Gauthier - 240 p.

S * **Marxisme (Le)** - J. Guichard - 304 p. - 4e éd.

S * **Neurosciences cognitives et consciences** J. Pillon - 240 p.

Es * **Penser avec Albert Camus** - J.-M. muller - 160 p.

Es * **Penser avec Arendt et Lévinas -** F. Poché - 128 p. - 2e éd.

Es * **Penser avec Edgar Morin** - R. Fortin - 254 p.

Es * **Penser avec Henri Lefebvre -** H. Lethierry - 320 p.

S * **Penser avec Jacques Derrida** - F. Poché - 112 p.

Es * **Penser avec Jankélévitch -** H. Lethierry - 176 p.

Es * **Penser avec Lévinas** - L. Fèvre - 260 p.

S * **Penser avec Mounier** - J.-F. Petit - 176 p.

S * **Penser avec Ricoeur** - L. Fèvre - 208 p.

Es * **Penser et agir avec Illich** M. Dardenne & G. Trussart - 152 p.

Es * **Penser et pratiquer l'accompagnement -** G. Wiel & G. Levesque - 112 p.

Es * **Penser et vivre l'interculturel** G. Verbunt - 224 p.

Es * **Penser la philosophie de l'éducation** G. Avanzini & A. Mougniotte - 192 p.

S * **Penser le devenir de l'Humanité** C. Maccio - 256 p.

S * **Penser le devenir de la Personne** C. Maccio - 224 p.

Es * **Penser librement** - Phan Huy Duong - 208 p.

Es * **Penser par soi-même** - Initiation à la philosophie - M.Tozzi - 224 p. - 6e éd.

S * **Personnalisme (Le)** - Sources - Fondements Actualité - J. Lacroix - 152 p.

Es * **Pratiquer l'humanité** - G.Wiel & G. Levesque - 64 p.

Es * **Reconstruire la dignité** - F. Poché - 160 p.

S * **Socialisme (Le)** - A. Samuel - 472 p.

Es * **Vers une démocratie interculturelle en Afrique** - J.- Y. Petit & S. Gougbemon - 256 p.

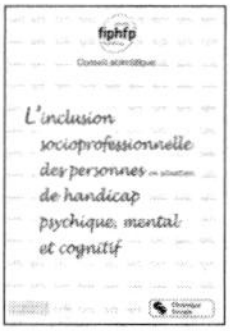

128 p.
L'essentiel

L'inclusion socioprofessionnelle des personnes en situation de handicap psychique, mental et cognitif

FIPHFP

En prenant appui sur l'analyse individuelle et collective d'une situation de maintien dans l'emploi dans une administration publique, cet ouvrage soulève les **enjeux** liés à l'inclusion socio-professionnelle des personnes en situation de handicap du fait d'altérations psychiques, mentales et cognitives. Pour l'employeur public, historiquement engagé en faveur de l'emploi des personnes en situation de handicap, de nouvelles questions se posent. Dans ce contexte de diversité des situations de handicap, les aménagements de poste et les démarches d'intégration dans l'emploi relèvent de registres nouveaux. Il ne s'agit plus d'avoir une vision techniciste et objectivante du handicap mais bien de se laisser interpeller par la dimension environnementale et profondément subjective de situations de handicap qui se vivent plus qu'elles ne se décrivent. L'enjeu sociétal sous-jacent est celui de la **reconnaissance des compétences** des personnes et de leurs capacités à s'inscrire dans le monde du travail en opposition à une identité professionnelle centrée sur les déficiences et les limitations.

Des mesures d'aides aux employeurs publics existent. Des **dispositifs d'accompagnement** également. De réels enjeux liés à la connaissance et la compréhension fine des mécanismes de compensation pertinents et de dispositifs innovants d'accompagnement des équipes voient le jour. Cela ne pourra cependant se faire sans un important travail de **refonte de la gestion des ressources humaines** dans la fonction publique et de **lutte contre la stigmatisation.**